半百人生的海外體驗營

熟齡遊學

作者／
豌豆老公主 Amy

遊學為熟齡者開啟了不同的視野

　　寒暑假年輕學子們的遊學活動想必大家不陌生，但中老年人專屬的遊學活動，或許知道的朋友比較有限，許多人要報名之前，甚至還會被朋友潑冷水或者好言相勸，內容大概不外乎就是說：「那麼老了還要去當學生會不會太累了？」、「這樣玩會不會不夠盡興呢？」、「年紀這麼大了還要去住寄宿家庭會不會不方便？」等等，其實這 2 年先後和 40 多位年過半百的勇者一起到英國、西班牙和紐西蘭進行所謂的團體熟齡遊學之後，大家的反應都很正面，也給予這種旅遊和學習結合的方式許多支持，所以想藉由這本書發表一些遊學時發生的生活趣事、熟齡遊學的心得和替大家解決一些疑問，不管大家是自行前往遊學或跟團一起出發，希望這本書的內容能夠讓你說服自己踏上一段不一樣的旅程。

　　2011 年之前，我和我親愛的老公「歪嘴雞」大部分的時間都居住在美國，後來也曾短暫移居上海，返台之後我僅在寒暑假擔任青少年遊學團的領隊直至今日，2017 年歪嘴雞告別職場之後，我們開啟了屬於自己的熟齡遊學生活，先後到日本與菲律賓遊學，

開始覺得這種結合 Long Stay、學習和旅行的深度之旅很有別於以往的自助旅行或跟團走馬看花的旅遊方式，這種遊學生活能讓我們更加在地化、認識更多當地人或來自各國的朋友。

　　儘管住過美國 10 多年，但每趟的遊學之旅總還是讓我感受到不同程度的文化衝擊，後來我們也希望可以將這樣的特殊體驗慢慢分享給廣大的中老年族群，讓大家一起來豐富生命，所以在部落格寫了不少關於熟齡遊學的分享，也獲得不少回應，我們才知道原來很多人想從事這樣的活動，只是不知道這樣的資訊，藉由我們的分享也認識了不少志同道合的朋友，算是意想不到的收穫。

　　遊學結束後大家的體會不太一樣，有人很喜歡自己的寄宿家庭，喜歡與他們相處的點點滴滴且保持聯繫，還相約改日再訪。有人買了一堆語言書籍返台準備大 K 特 K，希望自己下次去遊學的時候能夠更上一層樓，有人吃遍小鎮上的著名餐廳，有人大喝特喝便宜的當地葡萄酒，有人認識了許多外國同學，總之大家都有不同的收穫，也給予這種活動很高度的肯定，你不見得要跟團才能參與熟齡遊學，其實 DIY 也能圓一個自己的未盡之夢！

　　我只是個平凡的小人物，很感謝四塊玉出版社願意為我這樣的素人出版書籍，為了讓自己的背景看起來比較「顯赫」，我回顧自己過去 50 年來的學經歷，把自己過去的頭銜整理了一下，以下是我語不

驚人死不休的過去與現在：

- 英國諾桑比亞大學企管學士（其實上課時都在混）
- 曾任美商 iRollertrade 執行長（其實是個一人公司）
- 曾任 WiFi-Link 派駐美國區域經理（短命的公司後來被同事搞 垮了，還好不是死於我之手）
- 曾是美國網路創業達人（其實只是在 eBay 拍賣家裡的破銅爛鐵）
- 現任知名部落客（其實粉絲只有近萬）
- 現任知名郵輪遊學版版主（其實社團成員只有 9000 多人）
- 郵輪達人（其實只有接近 20 次的郵輪經驗）
- 環遊世界旅遊達人（其實只去了一次 101 天的長時間旅行）
- 中華民國資深英語領隊（其實只帶遊學團）
- 中華民國資深英語導遊（其實只帶過馬來西亞來的一團親友團）
- 資深郵輪領隊（其實只帶過我同學、我媽、我妹和我舅一家人 去搭郵輪）

在這個注重包裝的年代，感謝大家願意閱讀我這個小人物的分 享，也希望這些分享能帶給大家一些啟發與出發的勇氣，願與你在世 界的不同角落相遇！

豌豆老公主 Amy

目錄 *Contents*

作者序

第一章

日本

第二章

英國

目錄 *Contents*

第三章

西班牙

第四章

紐西蘭

第五章

菲律賓

日本

當我們慢下腳步，放下過客身分，
重新感受這個城市時，
你會發現，原來日本一絲不苟的職人精神，
處處顯露在每一個微小的細節上。

日本
熟齡遊學小貼士

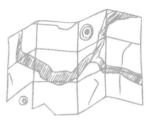

遍布全日本的公益教學機構

◆日本各地都有專為外籍配偶、外國學生、外籍勞工或旅行者所設立的公益性質語言教室。學費通常非常低廉，以福岡為例：學費從免費、每次 100 日圓到每 6 個月收費 5000 日圓的都有，另外位於京都的京都市國際交流協會每堂課則是收取 100 日圓。

◆課程的選擇與密集度會根據城市的大小不同與居住的外國人數多寡而定。

◆教師多為日本退休的各行各業義工。

◆一般無須事先申請或考試即可入學，也無須透過遊學代辦申請，採隨到隨上、自由參加制度。

◆屬公益性質對外開放，所以程度分班較不確實，建議至少熟稔 50 音與簡易單字者參加。

◆網路搜尋關鍵字為：日本地名＋國際交流協會＋日語教室（或日語課程），例如「福岡國際交流協會日語教室」或「京都

國際交流協會日語教室」。

◆班上人數不定且各國籍人士都有。

◆各教室使用教材不一致，也無特別規定，少數教室需額外自費購買書本。

適合的地點、季節與天數

◆選擇中型且富有歷史或觀光資源的城市當作日本熟齡遊學地點，避開大城市的昂貴、擁擠與生活壓力。

◆避免太過鄉下的地點，以免無法安排適當或足夠的課程。

◆選擇適當的居住地點，事先需規劃好上課地點與居住地點之間的交通方式和時間。

◆選擇生活機能良好的中型以上城市，方便課後活動安排與旅行，例如：福岡、京都或札幌都很合適。

◆挑選適合自己的季節和氣候前往，也要配合學校開課期間前往，若無特殊要求可挑選櫻花季之後或楓葉季之前，較容易挑到適合居住的地點。

◆避開 7、8 月和寒假的旺季，可避免上課人數過多和居住費用過高的問題。

◆下雪時行動會比較不便，所以安排時也應該考慮在內。

◆建議至少固定在一個地方停留 1 個月以上的時間，最短 2 週為宜。

◆持台灣護照以觀光名義入境最多可停留 90 天，故在規劃課程和行程時應考慮在內，入境的最主要目的也應該為觀光才能符合免簽入境日本，公益教學機構非語言學校故無法幫忙申請學生簽證。

◆建議城市：福岡、京都、大阪、札幌、廣島、神戶等。

行前準備

◆最好在出發前先學會 50 音和一些基本單字及會話，這樣比較容易找到適合的班級上課。

◆住宿地點必須自己處理和預定，公益性質語言教室非專業語言學校，所以沒有宿舍和寄宿家庭可配合，大家請自行搜尋 Airbnb、Homestay、背包客棧或飯店等不同住宿型態和等級。

◆腳踏車在一些城市也很實用，選擇住宿時不妨也詢問一下關於腳踏車租借的狀況。

◆衣服建議攜帶洋蔥式，以 7 天為 1 次換洗單位攜帶，搭配可以清洗衣服的住宿就可以減少行李量。

◆建議為老師或同學準備一些台灣小禮物。

◆日本大多數消費都可刷卡，但還是建議攜帶部分現金，便於不能刷卡時使用，公益性質語言教室只收現金。

◆建議航班抵達時間不要太晚，避免半夜拉著行李找路。

日本基本資料

日本首都	東京
官方語言	日語
人口	1.26 億人（全世界第 11 名）
面積	37.8 萬平方公里（全世界第 62 名）
時差	台灣時間比日本時間慢 1 小時，全日本沒有時差
電壓	日本使用的電壓為 100V，使用扁平兩孔型插座，與台灣相同
簽證	台灣護照上載有身分證字號且停留不逾 90 天者，得享有免簽證入境，但入境目的需為觀光、商務或探親。若有疑問可洽詢日本交流協會或至網站：https://www.koryu.or.jp/tw/ 查詢，目前因應疫情之故，原則上禁止 14 日內曾到訪或居住於所列 159 國（包括台灣）之外籍人士入境日本
航班及飛行相關資訊	台灣直飛東京羽田和成田兩個機場的時間約為 3 ～ 4 小時，可選擇的直飛班機有華航、長榮、全日空、日本航空、國泰航空和酷航等，由於選擇非常眾多，其實不太需要使用到轉機航班，若不巧需要轉機的話則可選擇日本航空在日本境內轉機或是國泰航空在香港轉機
	台灣直飛大阪：約為 3 小時，可選擇的直飛班機有華航、長榮、國泰、日本航空和捷星亞洲航空等，若不介意轉機則可選擇全日空在日本東京轉機，另外也可選擇國泰航空在香港轉機
	台灣直飛福岡：約為 2.5 個小時，有華航、長榮和日本航空直飛，全日空則需在日本東京轉機，大韓航空和韓亞航則在首爾轉機
	台灣直飛札幌：需時約 4 小時，有華航、長榮和日本航空直飛。全日空則需在日本東京轉機，還有國泰航空可在香港轉機及韓亞航需在首爾轉機
	台灣直飛廣島：需 2.5 小時，直飛航班只有華航和日本航空，全日空則需在日本東京轉機

本書相關資訊為當下查詢，實際資訊建議臨行前以最新公告為主。

日常生活

手機網路 SIM 卡	DOCOMO、Softbank 和 AU 等這幾家比較知名，但大多數人還是習慣於出國前先在台灣購買好 SIM 卡才出國，購買時需留意使用期限和可否充值繼續使用，另外流量也需根據需要選擇，目前各大購物網站都可以搜尋到日本網路 SIM 卡，建議挑選有優良客服的商家購買，以免出國要使用時有困難卻求救無門 WIFI 分享器也是旅日朋友們的另一個選擇，主要是多人同行時可以節省費用，但若要分開行動時難免會陷入有人會沒有網路可使用的窘境，WIFI 分享器可在台灣預定台灣取貨或在日本機場取貨
貨幣	日本使用的貨幣為日圓，紙鈔面額分為 1,000、5,000 和 10,000，另外硬幣分為：￥1、￥5、￥10、￥50、￥100 和￥500
開車	在日本租車需準備駕照日文譯本與台灣駕照，日本駕駛方向與台灣不同需更加小心，也需確實遵守交通規則
日本伴手禮	舉凡日本的零食、美妝用品到各類物品都是大家非常喜愛的禮物，大家可視預算與重量購買，網路上可參考的資訊也琳瑯滿目，如果在業務超市中可以找到你所需要的食品類伴手禮，價格通常會比一般超市便宜上許多，關於業務超市的介紹，可參考本書的 p.33

Info · 臺北駐日經濟文化代表處

- 地址：〒108-0071 東京都港區白金台 5-20-2（5 Chome-20-2 Shirokanedai, Minato City, Tokyo 108-0071 Japan）
- 電話：(+81) 3-3280-7811
- 緊急聯絡電話：001-010-800-0885-0885，為外交部設置「旅外國人急難救助全球免付費專線」，用日本手機或家用電話直撥即可

📞 通話方式：從日本打回台灣手機的方式為 010-886＋手機號碼（去掉最前面的 0），從台灣打電話到日本的方式為 002-81＋手機號碼（去掉最前面的 0）

⚠️ 重要提醒：在日本旅遊期間，倘若遭遇急難事件需報案，請撥打 110 專線求救，東京警視廳也會在週一～週五的 8:30 ～ 17:15 提供英語服務專線，如需協助，請撥打：03-3501-0110

日本國定假日

日期	假日名稱	備註
1 月 1 日	元旦	
每年日期不一定	成人之日	1 月第 2 個星期一
2 月 11 日	建國紀念之日	
2 月 23 日	天皇誕生日	
每年日期不一定	春分之日	春分當天
4 月 29 日	昭和之日	
5 月 3 日	憲法紀念日	
5 月 4 日	綠之日	
5 月 5 日	兒童之日	
每年日期不一定	海之日	7 月第 3 個星期一
8 月 11 日	山之日	
每年日期不一定	敬老之日	9 月第 3 個星期日
每年日期不一定	秋分之日	秋分當天
每年日期不一定	體育之日	10 月第 2 個星期一
11 月 3 日	文化之日	
11 月 23 日	勞動感恩節	

在義工身上也顯露
無遺的職人精神

大家不要誤以為這種幾近免費的公益課程，應該環境和師資都很差勁，除了設備優良，擔任義工教師的則是各個領域退休下來的社會人士或教師，也有家庭主婦，而且他們對擔任志工的熱情，也不亞於一般人對有給職工作的投入。

　　大家對日本旅遊趨之若鶩的種種因素之中，不乏是被日本人那種律己以嚴、一絲不苟的生活態度所吸引。在此地，所到之處幾乎一塵不染且井然有序，就連傾盆大雨澆下時，行人也顯少穿著涼鞋或脫鞋出門行走，走在路上的上班族依然還是西裝筆挺地提著 007 公事包和穿著打過蠟的皮鞋，這點很顛覆我的想像，也非常挑戰人性！

　　在遊學期間，我也經常看到 3、5 個上了年紀的老太太相約碰面喝咖啡聊天，相約的地點很可能只是家速食店，但看得出她們每一個人都精心打扮過，聊天過程中還會不時拿出筆記本記錄談話內容，感覺是一群很認真在過日子的長者，美麗、堅毅又充滿智慧！

幾近免費但高品質的日語公益課程

　　我們參加的日語課程，並非一般語言學校所主辦的制式常

▲各國同學把握下課 10 分鐘時間彼此交流

規課，而是許多日本公益組織所設立的公益語言課程，這類語
言課程有幾個特點：

◆不需事先報名，隨到隨上，所以很適合以 Long Stay 為主要
　旅行目的的人

◆收費非常便宜，大概每堂課只要 100 ～ 200 日圓

◆上課的老師雖然都是義工，但充滿敬業的日本職人精神

◆班上同學程度不一，所以經常會有多位老師同時輔導學生

◆主要上課對象為外配、外國留學生、到日本工作的外國人及
　像我們一樣有較長時間可以留在日本的遊客

大家不要誤以為這種幾近免費的公益課程，應該環境和師資都很差勁，日本人做事和做人一樣，都是採用極高的標準在要求每個細節，就連我們上課的教室，也是各個公益團體所提供的教室或是會議室，除了乾淨整潔之外，設備也是很不錯的！擔任義工的老師則是各個領域退休下來的社會人士或教師，也有家庭主婦投入志工的行列，而且他們對志工這個「工作」的熱衷程度，也不亞於一般人對有給職工作的投入。

來自老師們的小驚喜

老師們通常會提早備課或準備教材，不會讓一大群人只是單純來教室坐著用日文聊天，每次課堂的主題或講解內容也不盡相同，有時候老師還必須自掏腰包幫同學們影印教材。最讓我感動的，是我在福岡上課時遇到的老師，她每次都會帶點心來請同學們品嘗，雖然不是什麼昂貴的食品，但卻也誠意十足！在課間休息時和同學們邊吃邊聊，感覺像回到了幼稚園時期的點心時間，加上我的日文程度連 50 音都還記不全，就更像幼稚園的小朋友了。後來老師還利用自己的空閒時間做了 50 音字卡送給我，讓我非常地感動，但時至今日，我的 50 音還是停留在連 25 音都記不全的那個程度，實在有些汗顏！

建議想到日本參與這些公益課程的朋友們，可以先在台灣將 50 音和一些基本的單字熟記一下，這樣上課會更加容易進入狀況，和同學的互動也會比較順利，畢竟很多同學是來自各個

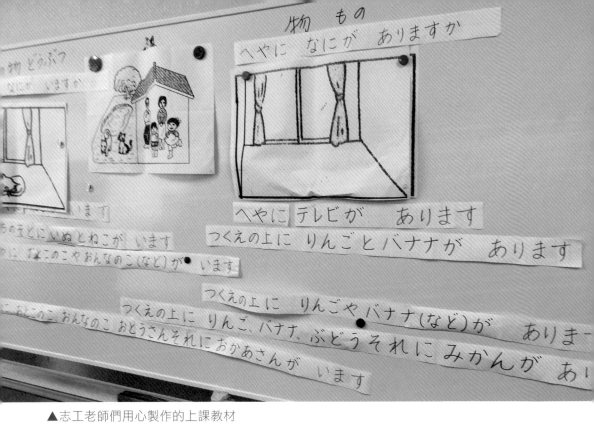

▲志工老師們用心製作的上課教材

▼志工老師們自費為學生準備的日本小點心

不同的國家，如果能用日文簡單溝通，會是一個很棒的體驗。

這類公益課程的確對外國人提供很多幫助，也讓想在日本 Long Stay 的旅人有進一步了解日本文化的機會，建議大家盡量多停留一些時間，才能有機會與更多來自不同國家的朋友交流，並細細品味老師們的日本職人精神！如果你是可以充分運用時間的退休族，不妨每年安排一次這樣的遊學體驗，還可以選擇日本各個不同的大小城市居遊，但唯一要注意的，是太鄉下的地方恐怕課程不夠多，如果是想天天上課，充實自我的朋友，就得考慮中型以上的城市了。

經過這次的文化洗禮，我對日本人的認識又更加深了一層，知道他們有著嚴謹又負責的生活態度，工作的時候如此，生活的時候如此，退休當志工也是如此一絲不苟。

▼志工老師為我特別製作的 50 音字卡

令人驚豔的
450日圓街邊便當

當我享用的剎那，我是感動的！原來感動人心的不必是什麼豐功偉業或米其林等級的餐廳，而是把每件小事做到盡善盡美的那份堅持。

　　一般人對日本的印象，應該是生活水準不錯，安全、衛生、有秩序和消費高吧！也因為與台灣的飛行距離短，所以台灣人出國旅遊的首選往往非日本莫屬，當我們安排了滿滿的購物、必吃美食和打卡行程時，可曾真正注意到，道地日本人的庶民生活？大家該不會誤以為，日本人是真的天天吃排隊名店或炸豬排飯和拉麵吧！除了便利商店有點不太可口的便當之外，其實隱身辦公區的街邊也有好吃又便宜的家庭式便當，我在福岡嘗試過一次之後，就念念不忘至今日。

藏在便當裡的生活細節

　　會發現這些平價街邊家庭式便當，其實也是偶然，當我們搭乘公車前往福岡的舞鶴公園時，剛好正值午餐時間，下了公車之後，也沒發現有明顯招牌的餐館，正在苦惱之際，突然瞥見許多西裝筆挺的上班族，居然人人手提一袋便當在路上行走，便心想：跟蹤這些人應該可以找到賣便當的餐廳或商店吧！

於是我們朝著這些人潮的對向走去，才走不遠，就在街邊發現了賣便當的太太們，這可不只一攤在賣便當，每攤可提供的菜色也不止一、兩種，雖是路邊生意、但乾淨的程度就跟日本人一路以來堅持的標準一樣，不得不令人佩服！難怪很多日本人來台灣不敢嘗試夜市小吃……

令人吃驚的是，販售的便當價格從 400 日圓開始，更高的也只到 5、600 日圓，以日本這個高物價水準的國度來看，400日圓簡直是做功德的佛心價。便當裡的每道小菜都會放置一個小小的紙片或紙容器襯底，不像台灣的便當，白飯上面放著豬排，豬排上面還疊著酸菜，內容物全部擠在一起。

原來生活美學和視覺享受的差異，從一個小小的便當上就能展露無遺，不知道這些太太們，每天要花多少時間為附近的上班族準備這些色香味俱全的便當呢？而當我享用的剎那，我是感動的！原來感動人心的不必是什麼豐功偉業或米其林等級的餐廳，而是把每件小事做到盡善盡美的那份堅持。當整個日本社會的每個人都擁有這樣的堅持時，這就不難成就出現今這個有秩序又充滿吸引力的國度了。

走進當地的日常生活

我上次購買的是 450 日圓的便當，除了栗子飯之外還有 6道菜，雖然每道菜的份量不大，但誠意十足，我覺得味道不輸台北六福客棧的便當。歪嘴雞的便當雖然只有 5 道菜，但是價

▲隱身在辦公大樓旁物美價廉的便當攤販

▼內容一點也不含糊的 450 日圓街邊便當

格硬是少了 50 日圓，也是很適合飽餐一頓的家庭料理。

　　如果只是忙於打卡的過客，恐怕也不太容易發現這些隱身於大城市中的庶民美食，但這些往往才是日本最真實的味道，下次到日本時何不慢下腳步，到當地辦公大樓聚集卻餐廳稀少的地方，找找這些屬於日本上班族的午餐。當觀光客只知道到百貨公司搶買收攤前的半價便當時，或許可以在辦公區發現不一樣的日本和不一樣的庶民生活。

　　我們也曾在某次的旅程中，在別府車站旁的菜市場裡發現一家熟食店，熟食店的名稱是「野田商店」，店內沒見到半個觀光客，但他們賣的太捲壽司和飯糰都是一絕，下次不妨也嘗試不要自我設限，拒絕當一個旅遊日本 100 次的過客，真正慢下腳步來品味這些屬於庶民的美好滋味，走不同樣的路，才能看到不同樣的風景。

透過當地留學生，
嘗試專業級的免費剪髮

在整個過程中的最後，日籍設計師會以十分嚴肅的態度檢查作品，直到他點頭之後，作品才算完成。接著 Eric 會比照大明星拍照的方式整理每個線條，無非就是希望拍出最完美的作品。

　　喜歡到處 Long Stay 或長時間旅行的朋友，可能和我一樣有一個困擾，就是需要修剪頭髮的時候，不知道要上哪兒處理這個民生問題。如果是男性朋友可能還好，在日本可以隨便找家連鎖的 BQ House 或是便宜的美容院處理，但是愛美的女性可能寧願選擇不處理了，尤其在語言不通的地方，要跟設計師溝通實在是非常挑戰自我。

　　而在遊學福岡的期間，我們在課堂上認識了一位來自台灣的美麗牙科醫師，當時她正在福岡修習博士學位，美麗的牙醫師除了日文非常流利之外，俐落的髮型也引起了我的注意，趁著某次課後，一起參加「福岡德國啤酒節」的機會，我隨口問起了她的髮型，我以為她是固定飛回台灣修剪的，沒想到竟是在福岡找設計師整理的，有點顛覆我對留學生一向手頭不寬裕的看法。好奇的我，不免俗地問起了價格，心想應該是很貴吧！沒想到她的回答竟然是：「不用錢！」

她說這是一個台灣留學生幫她剪的，她也是幫這個設計師學生的忙，免費當他的髮型模特兒。聽到這裡我趕緊抓住機會再問：「那他還缺模特兒嗎？我也可以付費當模特兒喔！」然後就熱心地幫我聯繫了留學生設計師。

毫無保留的職人精神

髮廊位於福岡市中心的黃金地段，而 Eric 在台灣時已經投入美髮業超過十年的時間，早已經是個可以獨當一面的設計師，但到了日本一切都得從頭學起，整天和一群只有 18 歲的日本學生在一起學習，學習日本人喜愛的髮型和剪髮方式，也需要大量的真人模特兒來練習，所以他才會在台灣留學生的群組中發文尋找女性短髮的模特兒，也正因為如此，我才有機會在日本髮廊接受日式的剪髮服務，而且竟然還是免費的。

雖是免費，但剪髮過程可一點都不馬虎，一切服務也是從洗頭開始的，但當免費模特兒必須付出一點代價，就是完成後必須讓 Eric 拍張照片存檔當成作品集，我想這應該不是太大的問題，何況我又不是什麼有名的大人物。整個過程中，最令人期待的，是日籍設計師最後會以十分嚴肅的態度檢查作品，並指出有什麼沒有留意到，或是可以更加完美的地方，直到日籍設計師點頭之後，作品才算完成。接著 Eric 會比照大明星拍照的方式整理每個線條，無非就是希望拍出最完美的作品。

從最簡單的實習生剪髮，又再次讓我見識到日本人的職人

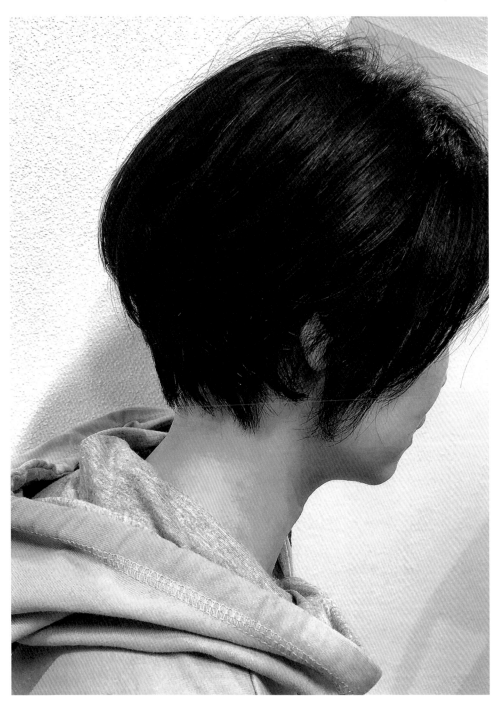

▲完成日式空氣感剪髮體驗後的新造型

精神，就算免費，服務卻一點也都不含糊。之後我和 Eric 成了朋友，當他返台休假時，我還特意南下高雄給他剪髮，而 Eric 也為每個客戶帶回了福岡的辣椒醬當作伴手禮，貼心的他還特意為這個辣椒醬的用法拍攝了短片，無非就是想讓客戶知道如何使用這個誠意十足的禮物，我想，收到禮物和短片的客人應該都不會忘記他吧！

　　這是我在福岡遊學 1 個月期間萍水相逢的台灣留學生，有時候旅遊帶給人的回憶不應只有秀麗的風景或是美味的食物，應該還有屬於人與人之間交流的部分，人與人之間的交流也不能總存在著代價關係，最好盡量保有原始的單純。

▼到專業髮廊當模特兒接受實習生免費剪髮

日本求醫歷險記

在語言不通的情況下，我首先使用 Google 查詢診所位置，只是一旦進入通話，就開始雞同鴨講了，電話那頭的診所人員幾乎完全無法使用英語溝通，所以也根本無法預約或詢問……

　　在海外長期旅遊最怕碰上的問題之一，就是看病了，隨著年歲漸長和旅遊時間的增加，在海外也累積了幾次不同的求醫經驗，還好都不算是什麼大病，但如果當下無法處理，也只得中斷旅行，飛回台灣使用平價又方便的健保了。

　　出國旅遊期間，很多人都不會忘記攜帶常備藥物，所以在海外生病時，並不會在第一時間就醫，若不得已要就醫，通常便是已經「忍無可忍」或感覺有生命危險。大家之所以在海外忌諱就醫，無非就是擔心費用過高或是語言溝通的問題，但如果像我一樣遇上緊急狀況，就還是得硬著頭皮去找醫師了。

常伴身邊的隱患

　　活到這把年紀了，身體上難免有一些暫時死不了卻又醫不好的宿疾，但也不能因為這些說大不大、說小不小的疾病，就放棄出國旅遊的計劃吧！這些宿疾平日可能與我們「相處甚歡」，在台灣生活作息正常時也幾乎忘了它們的存在，一旦出國旅遊玩得累了一點、睡眠不夠充足，或是飲食比較不均衡時，

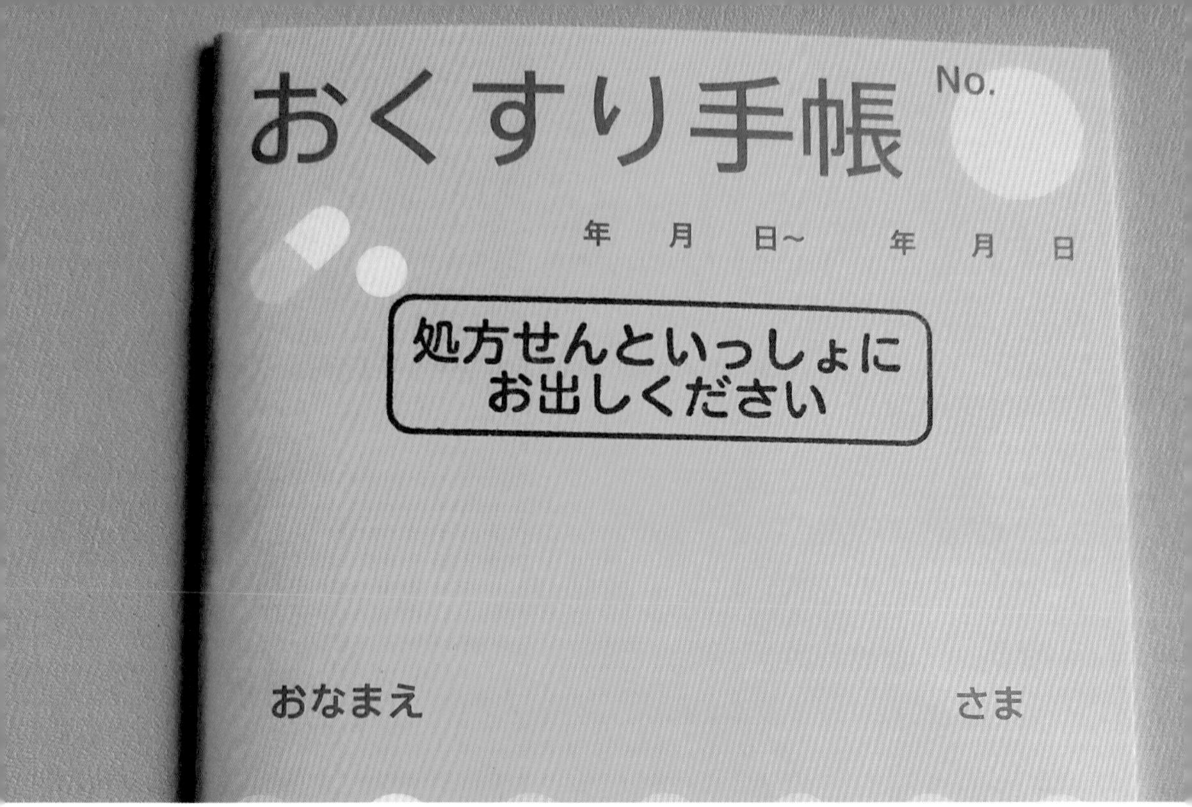

▲藥局發給的手帳用來記錄個人就醫與用藥資料

▼福岡皮膚科初診加上小手術的費用收據

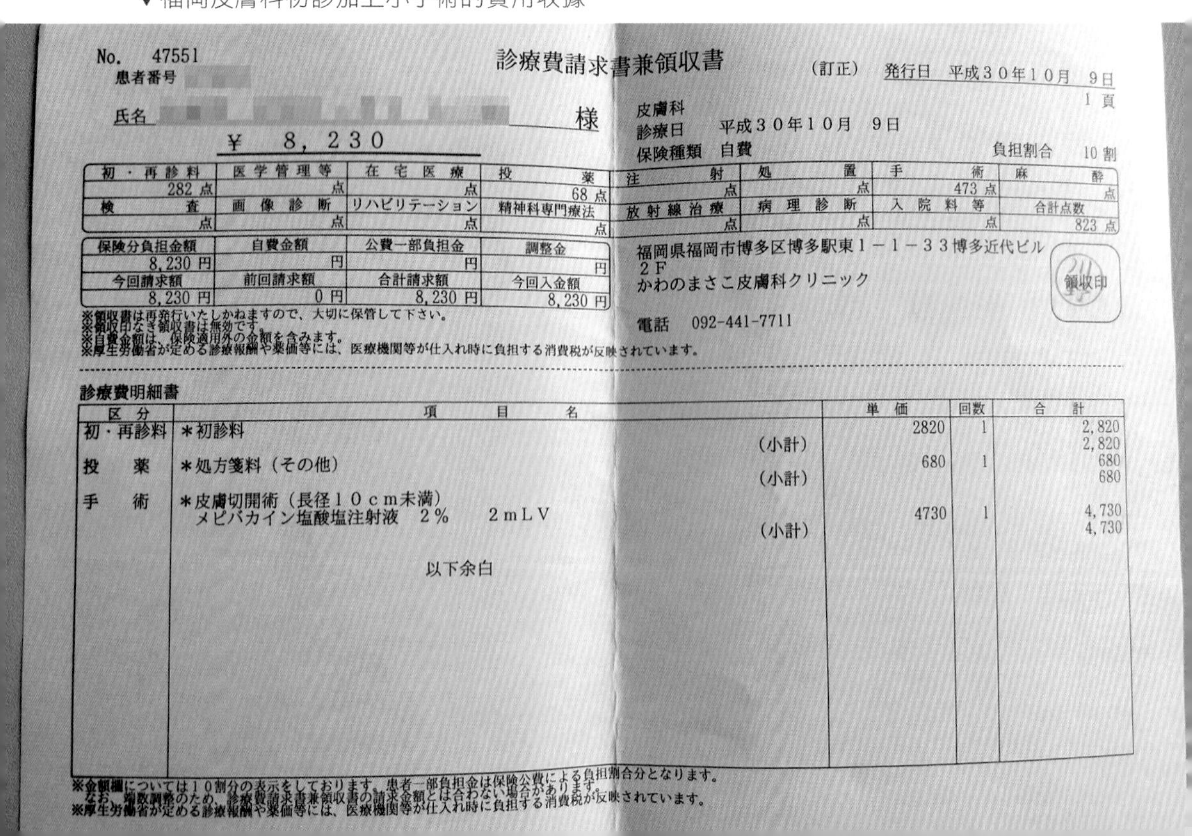

No.　47551
患者番号
氏名　様
¥　8,230

診療費請求書兼領収書　（訂正）　発行日　平成３０年１０月　９日
１頁
皮膚科
診療日　平成３０年１０月　９日
保険種類　自費
負担割合　10 割

初・再診料	医学管理等	在宅医療	投薬	注射	処置	手術	麻酔
282 点	点	点	68 点	点	点	473 点	点
検査	画像診断	リハビリテーション	精神科専門療法	放射線治療	病理診断	入院料等	合計点数
点	点	点	点	点	点	点	823 点

保険分負担金額	自費金額	公費一部負担金	調整金
8,230 円	円	円	円
今回請求額	前回請求額	合計請求額	今回入金額
8,230 円	0 円	8,230 円	8,230 円

※領収書は再発行いたしかねますので、大切に保管して下さい。
※領収印なき領収書は無効です。
※自費金額は、保険適用外の金額を含みます。
※厚生労働省が定める診療報酬や薬価等には、医療機関等が仕入れ時に負担する消費税が反映されています。

福岡県福岡市博多区博多駅東１－１－３３博多近代ビル２Ｆ
かわのまさこ皮膚科クリニック
電話　092-441-7711
領収印

診療費明細書

区分	項目名		単価	回数	合計
初・再診料	＊初診料		2820	1	2,820
		（小計）			2,820
投薬	＊処方箋料（その他）		680	1	680
		（小計）			680
手術	＊皮膚切開術（長径１０ｃｍ未満） メピバカイン塩酸塩注射液　２％　　２ｍＬＶ		4730	1	4,730
		（小計）			4,730
	以下余白				

※金額欄については１０割分の表示をしております。患者一部負担金は保険公費による負担割合分となります。
なお、端数調整のため、診療費請求書兼領収書の請求金額とは合わない場合があります。
※厚生労働省が定める診療報酬や薬価等には、医療機関等が仕入れ時に負担する消費税が反映されています。

這些老朋友總會適時出現，提醒我們它的存在。

　　上次我們到日本遊學期間，很不巧地，我的老朋友「粉瘤」正好復發，這可是好多年才會發生一次的狀況，記得上次發作，已經時隔 10 年左右，平時雖然知道它的存在，但在台灣就醫時，醫師也不想積極處理，所以我就這樣與敵人共處了很多不太美好的時光，平日雖然可以感覺到它的存在，但只要不發作倒是相安無事的，一旦發作起來，患部會腫脹如小彈珠一般充滿膿血，有如針刺坐立難安。

　　我的粉瘤之所以棘手，是因為它長在有點令人難以啟齒的地方，所以在日本尋找醫師時，我設定了要找皮膚科的女醫師看診。在語言不通的情況下，我首先使用 Google 查詢福岡的皮膚科診所，鎖定了距離比較近的幾家診所後，再一一查看評論，沒想到使用這樣的方法，居然也找到了幾家看起來合適的診所，只是一旦進入通話，就開始雞同鴨講了，電話那頭的診所人員幾乎完全無法使用英語溝通，所以也根本就無法預約或詢問，心裡最壞的打算，就是直接上門去就醫了。

海外求醫的一線曙光

　　在持續積極尋找的時候，突然在網路上發現一個網頁：「福岡亞洲醫療支援中心」，這個單位設有 24 小時的服務電話，主要是幫助外國人在福岡就醫，提供免費的醫療諮詢和翻譯服務，

其中也包括中文服務，我便馬上打電話去求救，也請對方幫我預約適合的診所，並轉達我的狀況先讓診所知道。

可別以為這樣就解決了語言溝通的問題，真正的挑戰是從踏進診所後才開始的，從櫃檯的接待人員到醫師看診，我們開啟了一連串的雞同鴨講和比手畫腳，還好世界上有 Google 翻譯，讓我們一路透過翻譯，達到處理疾病的目的。

雖然和台灣一比，是要貴上很多，但其實日本的醫療費用，並不如大家想像中昂貴。我第一次的初診費用是 2820 日圓，加上處方籤還要 680 日圓，最後還有一筆手術費 4730 日圓，總共約合台幣 2300 元（以 2018 年當時匯率計算）。

但這並不是結束，我還得拿著醫師的處方籤到藥局去領藥，藥局會有專業的藥師和病人面對面，以日文解說用藥方式，此時當然還是得請出手機，用 Google 翻譯才能達到溝通目的，3 天的抗生素要價 1738 日圓，所以這一天的醫藥費用含手術總共約為台幣 2800 元，比過去在阿拉斯加看感冒的門診費用還便宜，相較之下，日本的醫療費用倒沒有想像中那麼嚇人。

建議出國期間，不要忘記投保旅遊平安險，就醫的費用有高有低，派上用場時真的會讓人安心不少。年輕時旅遊很少遇上需要就醫的狀況，但隨著年紀增長，似乎愈來愈容易遇到這種不得已的情形，除了要求自己在國外旅遊時要盡量保持正常作息之外，飲食也是要盡量均衡，這樣身體出狀況的機會才有可能降低，希望大家的旅遊平安險都是備而不用、有備無患！

業務超市裡的平價食材

旅遊和生活最大的區別，就是接觸到的事物可能大不相同，當我們不再只是一名來去匆匆的遊客，慢下腳步後，經常會有令人驚喜和驚訝的發現，而這些發現，只留給有時間和願意駐足的你。

　　一般人去日本旅遊，可能只知道百貨公司裡的超市或是觀光菜市場，這些地方販賣蔬菜的方式讓我感到有點文化衝擊，例如：白蘿蔔是切成段狀來販售，一根大蘿蔔，可以切成好幾段來賣，感覺那一小段只夠一個人吃一餐；超市也會把大白菜切成 8 等份來販售，這讓我這個習慣在好市多買菜的家庭主婦很不能適應，而且日本的蔬菜種類選擇性不多，記得去遊學的那個月，最常吃到的不外乎是高麗菜、大白菜、白蘿蔔和豆芽菜，偶爾才會買到份量稀少又昂貴的綠色蔬菜。

　　聽當地的留學生說，他們覺得水果是奢持品，只有在超市打折的時候，才偶爾會買片西瓜來解饞，而這片西瓜可能引來很多羨慕的目光，這點令住在台灣的我很難想像，我們一年四季上菜市場買水果都是一袋袋拎回家冰的，到了日本才發現，蔬果的種類不只稀少且價格翻倍，如果只是來旅遊 3 ～ 5 天倒也還好，一旦住下來一陣子，需要自己料理食物時，可能會對此產生共鳴。

▲日本超市內所販售的每份大白菜的份量

▼樸實無華的業務超市才是採購蔬菜的好去處

填飽台灣胃的祕密基地

Long Stay 期間想自己烹調食物，並不是完全為了省錢，主要是外食很難攝取到足夠的蔬菜，加上日本的商業午餐端上桌之後，經常讓我誤以為是兒童餐的份量，這讓大胃王的我們難以適應，所以租個有廚房設備的落腳處便顯得相形重要。買菜的地方除了上述的超市和菜市場之外，我覺得比較少人知道的「業務超市」是個很棒的地方。

業務超市不會開在人潮聚集的商業區，來購買的人，很多都是開餐廳的店家或需要購買大量食物的人士，但對台灣人來說，日本的大量就等於是台灣超市裡的正常量吧！所以當發現這個好地方時，我真的很開心，不過這種業務超市的裝潢和相關細節，就不如百貨公司裡的超市那麼窗明几淨、有條不紊了，他們的漁獲區會有魚腥味，這點讓人比較不太能接受，所以我幾乎只購買蔬菜類的食物。這裡的蔬菜包裝份量除了比較合適台灣人的烹調習慣，而且價格還非常便宜！像是在台灣售價昂貴的日本栗子地瓜，在業務超市裡竟然一袋只要不到 200 日幣。

業務超市尋寶記

至於要怎麼尋找業務超市呢？到了日本之後，只要打開 Google 地圖輸入「業務超市」，就會跳出一大堆業務超市來，然後你可以根據所在的地點去篩選出 1、2 個比較近的超市，之後就可以展開採購之旅了。

因為成本的考量，這些超市不會開在百貨公司聚集的地方，也不會位在觀光區，所以可能需要搭公車或是騎腳踏車才能前往，抵達業務超市時，會見到超市前停了一些腳踏車，除了真正商業用途的買家之外，其實也不外乎有精打細算的家庭主婦前來選購食材。但當我和日本房東聊及這件事情時，他似乎不知道有業務超市這種商店。

每家業務超市的型態不太一樣，主打的販賣商品也不同，像我朋友造訪的業務超市裡還販售許多便宜的熟食便當、沖泡

▼日本業務超市內所販售的物美價廉大白菜

式飲料、濃湯、餅乾和茶包等等，下次有機會再到日本旅遊時，不妨找個時間也去見識一下這種更貼近生活的庶民商店。

旅遊和生活最大的區別，就是接觸到的事物可能大不相同，當我只是一名來去匆匆，趕著週一回辦公室上班的遊客時，我既沒時間、也不屑去發掘這些與當地生活更貼近的東西或文化，但當我們慢下腳步時，卻經常會有令人驚喜和驚訝的發現，而這些發現，只留給有時間和願意駐足的你。

▼福岡業務超市的栗子地瓜以超低價格吸引了我

日本也有德國啤酒節

印象中德國的啤酒和香腸都是 L 號的，但到了日本之後，怎麼價格多了一點，但尺寸全變成 S 號？這樣要喝到微醺可能花費會太高，於是只好轉移目標，在帳棚內找了個位子欣賞開幕的德國舞蹈表演……

　　德國啤酒節，不是應該到德國去參加嗎？怎麼會在日本參加德國啤酒節呢？其實，只要到一個地方住得夠久，就有機會 Live like a local（像當地人一樣生活）。

　　當你不再只是急忙於穿梭在每個景點之間，就應該有時間

▼福岡德國啤酒節的攤位之一

研究當地的許多慶典與活動，以這次遊學的福岡為例，由於定點居住的時間長達 1 個月之久，因而接觸到一些當地人與當地發行的刊物，也多了些參與當地活動的機會，這些活動或許都不是觀光客知曉或在國外有名氣的，所以參與者都以日本人或當地人居多。

福岡在地發行了一本名為《Fukuoka Now》的宣傳小冊子，這是每月發行一次的免費在地觀光指南，它同時也有發行線上中文版，網址為：https://www.fukuoka-now.com/zh/

除了一些基本的觀光資訊與購物及餐廳之外，最重要的是提供當月份每一天在福岡舉辦的各式活動，當你查詢到喜愛的

▼福岡德國啤酒節所供應的迷你版德國香腸和啤酒

活動時，就可以依著小冊子上的時間與地點去參加，和當地人一起進行一場只屬於福岡的盛會。可惜現在因為新冠肺炎的關係，查詢不到任何的活動。

一起喝著啤酒狂歡吧

會發現德國啤酒節的舉辦，除了看到《Fukuoka Now》上的資訊之外，最重要的，是因為看到提早開始布置的戶外會場，偌大的白色帳篷和許多攤位在活動正式開始的前幾日已經幾乎就緒，會場就位於我們上課教室的對面，既然如此，哪有入寶

▼啤酒節的表演場地擠滿了福岡附近來的日本人

▲福岡的博多千年煌夜活動在地面上放置的燈籠

山空手而歸的道理呢？

　　殷殷期盼終於到了開幕的那一天，和美女牙醫同學相約在下課後，上班族還未能趕到之前進了會場，從頭到尾巡視了每個攤位的品項和價格，最後決定來個 1 套 3 杯的不同品項德國啤酒及 1 盤德國香腸，拿到手上時，卻產生了點文化衝擊，印象中德國的啤酒和香腸都是 L 號的，但到了日本之後，怎麼價格多了一點，但尺寸全變成 S 號的了？

　　這樣要喝到微醺可能花費會太高，於是只好轉移目標，在帳棚內找了個位子欣賞開幕的德國舞蹈表演，這是一個每年都舉辦且會持續幾日的在地免費活動，很多人都是下了班之後就相約前來，參與者以本地人居多，是個非常歡樂的年度活動，

▲福岡各地標都參與了博多千年煌夜的點燈活動

下次如果選擇在 10 月時前來福岡，那我十分推薦來參加這個日式的德國啤酒節。

從地面亮起的星火

除了德國啤酒節之外，10 月份我們還參與了福岡的博多千年煌夜和夜市活動等等，在這段期間，福岡的許多地標與新舊建築共襄盛舉，全點起燈慶祝，感覺像來到了不夜城，這與歐美的 6 點之後，路上鮮少有人行走的景象形成強烈對比。

如果你剛好在 7 月 1 日～ 7 月 15 日期間前來福岡旅遊，那麼一定不要錯過『博多祇園山笠』的慶典活動，活動最高潮出現在 7 月 15 日早晨 4:59，由大太鼓發出信號，接著由許多壯丁穿著傳統服飾，並扛著山笠在博多的街道上全力奔跑，目前這個祭典活動已經列為國家指定重要無形文化財產，我雖然無緣親眼目睹，但在博多町家看到了紀錄片，場面著實震撼，如果有機會再訪福岡，我想要親自參與盛會。

若想拒絕再當一名過客，想多體驗在地文化或與在地人有更多的連結，那唯有慢下腳步，才能欣賞到更多。

騎著腳踏車玩遍
大街小巷

沒課的時候，我們喜歡騎車到處亂逛，有時無意間就會在巷弄裡發現好吃的小餐館或咖啡廳，這些小店或許都不曾出現在旅遊書上，但卻是家庭經營的老店，而這些隱藏在巷弄之間的美食或人情味，是要靠一點運氣才能發現的。

▲腳踏車是在日本遊學最佳的交通工具

在日本中小型城市或鄉下 Long Stay，最好能擁有自己的交通工具，雖然日本的公共交通網絡已經算是很完善，但若能買台價格便宜的二手腳踏車，那整個遊學或 Long Stay 的期間便更能隨心所欲了。

遊學路上好夥伴

在前往日本的幾個月前，因緣巧合的關係，熟識的日本房東竟然造訪台灣，我們便相約在新竹吃了頓飯，彼此相談甚歡，於是就大膽委託房東回日本後協助尋找便宜的二手腳踏車，房東在各方奔走之後，還真的買到了 2 台價格非常低廉的二手腳踏車，我們使用了 1 個月之後，就送給了房東，算是個雙贏的交易。

別以為便宜的腳踏車狀況就會很差，以日本人對物品的愛惜程度和龜毛個性，即便是二手腳踏車也是性能非常良好的，至少房東千辛萬苦找到的那 2 台腳踏車狀況皆是如此。

日本的交通費用不算便宜，以福岡的公車為例，每次至少需要 100 日圓，若搭得更遠則更貴了，如果買不到二手腳踏車，或許可以考慮找個有提供腳踏車的民宿居住。光擁有腳踏車但不認識路也還是不行，智慧型手機雖然都有地圖導航的功能，但總不能一手握著腳踏車的手把，一手拿著手機找路吧！

所以我們把從台灣帶來的運動用「手機臂套」拿出來綁在腳踏車的手把上，它就成了臨時的手機架，停留此地期間，我

們就靠著這 2 台二手腳踏車和智慧型手機，走遍了福岡的大街小巷，當然太遠的地方，就還是得選擇搭車前往，免得沒有體力將腳踏車騎回家，但如果你是練家子或腳踏車運動愛好者，真的可以靠著腳踏車把福岡走透透。

日本獨有的腳踏車駕駛法則

在日本的城市裡，腳踏車是不可以隨意停放的，腳踏車也有自己的停車場，叫做「駐輪場」，駐輪場有分為免費與付費的，像是某些商店的門口會提供消費者免費停腳踏車，如果找不到免費的駐輪場，可以將腳踏車停到付費的駐輪場，繳費方式通常是使用機器自動收費。上次在福岡的天神區，便第一次見識到了腳踏車的立體停車場，就是腳踏車位規畫成上下 2 層，要停上層的時候，必須將腳踏車架拉下來，放妥腳踏車之後，

▲學會使用腳踏車立體停車場與自助繳費

◀將手機臂套綁在手把就
　成了腳踏車的 GPS

再將腳踏車連同車架一起往上推才算完成。

　　在日本城市，騎腳踏車一定要遵守交通規則，因為路上的人車實在太多了，也千萬不要酒駕，日本的警察會取締喝了酒還騎腳踏車上路的騎士，如果喝了酒腳踏車要怎麼辦呢？可以牽著走帶回家或是隔日再來取吧！

　　如果需要在不同地區的教室往返上課，那擁有腳踏車真的是上上之選，雖然停車要付費，但會節省非常多的時間，而且在度假之餘還達到了運動的目的。沒課的時候，我們也喜歡騎車到處亂逛，有時無意間就會在巷弄裡發現好吃的小餐館或咖啡廳，這些小店或許都不曾出現在旅遊書或部落格中，但卻是家庭經營的老店，客人也大都是住在附近的鄰居們，這些隱藏在巷弄之間的美食或人情味，是要靠一點運氣才能發現的。

　　日本雖然公共交通便利，但騎腳踏車的還是大有人在，就算不需要腳踏車當做交通工具，還是鼓勵大家在景區或公園裡租部腳踏車，累了就停在咖啡廳來杯飲料，享受這種不需要趕時間的在地休閒方式。

到教會去認識日本人

在日本的中大型城市中，聚集許多來自世界各國的人士和學生，他們也極需在心靈上有所依靠和得到慰藉，所以很多人到一個陌生的國度時，他們最常涉足的場所便是教會了。

在日本遊學期間，碰到的除了老師之外，相處最多的就是各地來的外國人，地域涵蓋中國、韓國、泰國、美國和歐洲等等，雖然大家來到日本的目的不同，但似乎都很喜歡交朋友。除了老師和房東之外，待在日本這段不算太短的時間內，我們似乎沒認識什麼真正的日本朋友，為了彌補這個遺珠之憾，我們便拜訪了一個可以認識很多日本人的地方，就是教會。

教會是個很熱心又開放的好去處，如果你的日文夠好，相信你會在那裡如魚得水，不過像我們這種只會講幾句日文的初學者，去一般教會就會顯得格格不入和無所適從了。但如果你會說簡單英語，那倒是有另一個好去處可以推薦給你，就是日本的英文教會。

外鄉人的慰藉之地

在日本的中大型城市中，聚集許多來自世界各國的人士和學生，這些外國人在海外時也極需在心靈上有所依靠和得到慰藉，所以很多人到一個陌生的國度時，除了民生問題需要解決

Would you rather ... ?

) live in the country or live in the City?
) be very rich or very good-looking?
) be able to visit the past or the future?
) have a boring job that pays more or an interesting job that pays less?

I would rather _____

because _____

▲日本英語教會的免費會話課程練習內容

▼熱心的外國志工在教會門口歡迎大家

之外，他們最常涉足的場所便是教會了。

　　英文教會裡除了有許多熱心的本地教友，更多的同伴是來自海外，或是陪伴外籍配偶來參加教會活動的日本人，他們通常在週日齊聚一堂，除了禱告之外，也會發起許多有趣的活動，來到教會的外國人，通常也是來認識新朋友和社交的。像我們造訪的這家位於福岡的英文教會，就有許多來自各地會說流利英語的外國人，所以他們常會舉辦英文禮拜和英文教學等活動。

　　因為我們真的還蠻想去體驗英語教會的活動和練習一下英文，所以儘管不是教徒，還是去參加了他們的語言交換活動，這個活動是由一群以英文為母語的年輕教友擔任老師，學生們大都是本地上進的日本上班族，利用假日的時間撥空到教會學習英文和認識外國朋友。

　　我們兩個算是比較異類的參與者，但是對方也是竭誠歡迎，上課時和大家也有很多互動，因為我們的英文比起日文要好上千百倍，所以到了這裡簡直如魚得水，並不是說我們的英文有多厲害，而是那些來上課的日本人真的有待加強，但也有遇到說得不錯的日本年輕人，一問之下，才知道原來他們在國外住過一陣子，果然學習語言真的需要環境和實際練習，英文如此，日文也是，但我的日文恐怕是起步太晚加上資質駑鈍，或者該說是藉口太多，所以一直停留在 50 音的階段，我想我應該去台灣的日本教會上上課和社交一下，但台灣有日本教會嗎？

在教會產生的愛與連結

如果你對我們參加的這個教會活動有興趣，網路上可以用關鍵字搜尋 Lifehouse Fukuoka ，網址是：https://mylifehouse.com/fukuoka/，就可以看到他們熱情的歡迎字句和多元的活動設計。該單位介紹它們是位於福岡的雙語國際教堂，歡迎各界人士來一起認識神和獲得真正得友誼。每週日他們還為 1 ～ 12 歲的小朋友舉辦雙語活動，讓父母可以專心參與自己的課程和社交。

以前在海外讀書時，也很喜歡參加教會的活動，原因不是真的很想認識神，而是想認識已經在海外居住了一陣子的學長或學姊，想從他們身上知道更多的當地資訊，還有可以吃頓免費的午餐或晚餐，這對留學生來說真的很重要。

如今事過境遷，沒想到我們去了日本遊學 1 個月，竟然也有機會涉足教會活動，這次來倒不是為了免費咖啡或午餐，而是來回憶當年的情境和感受日本英語教會的熱情，如果下次再去日本遊學，我應該會想要每個週末都去教會社交一下，認識更多的本地和外國朋友，讓自己的遊學生活更加多采多姿。

日本公益機構遊學Q&A

Q1　不會 50 音能不能去遊學？

　　這個問題需要分為 2 個方向來回答，如果你是參加坊間一般的語言學校，那不管會不會 50 音或有沒有基礎都是可以報名參加的，因為一般的語言學校是程度分班，不過也有些語言學校會要求至少需熟稔 50 音才能報名，關於這點可以直接跟日本的語言學校詢問或者透過台灣的代辦中心查詢。

　　但如果你是想參加公益機構主辦的日語課程，那建議至少需有 50 音的基礎再行前往，因為公益機構幾乎沒有什麼分班的機制，所以班上程度差異頗大，雖然他們不會拒絕連 50 音都不會的學生前來上課，但上起課來吃力的程度可想而知，一般這種公益課程最適合初級和中級日文程度的朋友前去體驗，某些機構也會開設一些高級程度的日語課程，但畢竟是少數，如果你是以通過 N1 測驗或升學為主要訴求，那還是建議到專業的語言學校去按部就班上課。

Q2　公益教學機構和語言學校有何不同？

　　收費：收費是最大的差異，公益機構的收費從免費到每堂課 100 日圓或幾百日圓的都有，但語言學校的收費則是以「期」

來收費，也有最少只需報名兩週的語言學校，但多數的語言學校課程都是以「期」為註冊的最低要求期間，以3個月1期來說，費用大概都是20萬日圓左右。

註冊：公益機構無需事先註冊，採隨到隨上的方式就讀，熱門的課程或地區可能會有學生過多的狀況。正規語言學校則需要事先註冊、報名和繳費，且有固定的開課日期，不能隨心所欲地出發。

上課期間：公益機構並無特定的上課期間要求，但語言學校都有明確的上課期間。

師資：公益機構的老師是義工性質，多為退休的專業人士或家庭主婦，而專業的語言學校對師資則另有要求。

學習成效：公益機構的教學以交流和口語練習為主，專業的語言學校多數會以通過考試為主，但也有寒暑假的體驗營會並重語言學習與文化交流。

Q3 公益語言機構的同學年紀和組成份子為何？

公益機構的同學大多為居住在日本的外籍配偶、留學生、打工度假者、外派日本的工作人員和長短期觀光客等，年紀從大學生到退休者都有。

Q4 參加公益機構語言課程，到日本遊學1個月大概要準備多少費用？

到公益機構上課的日本遊學主要要考慮的費用為食宿和娛

樂費用，費用的問題會根據你所選擇的地區而有所不同，大家幾乎可以忽略公益機構的學費，因為很多地方只收取每堂100～200日圓的費用，以上滿每週10堂課來說，1個月也不過收取4000～8000日圓，而且1堂課通常不只1個鐘頭的時間，例如福岡地區的1堂課通常為1.5小時～2小時。住宿費用除了會因為選擇的地區而有所差異之外，住宿的等級和類別也影響費用甚鉅。以較便宜的福岡地區為例，說明如下：

支出項目	花費金額（日圓）	備註
1DK 的公寓租金	150000	上次我們兩人合租，平均每人 7.5 萬日圓
外食與食材費	60000	
交通費	60000	
旅行與保險費	30000	
學費	2000	

不含機票的單人開銷可預估為23萬日圓，以2021年7月匯率0.25換算約合台幣5.8萬，如果想吃住都更好些，可以增加預算，若想更節省些也是有辦法的，另外如欲挑選的地區為東京或京都等消費較高的地區，那費用可能要往上調整增加50%～100%。

英國

第二章

前往賽狗場豪邁地一擲千金、

透過當地人報好康，到 Pub 享受超值優惠午餐、

看 70 歲老奶奶大顯身手，有條不紊地照顧寄宿家庭……

熟齡人士的英國專屬行程，等你來體驗！

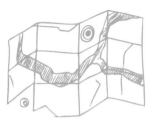

英國
熟齡遊學小貼士

英國語言學校的挑選

◆ 建議挑選有固定為 50 歲以上學生開課的語言學校，網路搜尋可使用 UK 50+ language school 去搜尋，其實也有 40+ 的語言學校，大家可以視需求搜尋。

◆ 選擇通過認證的語言學校，例如經過英國文化協會（British Council）認證的語言學校品質較佳。(可參考以下網址查詢：https://www.britishcouncil.org/education/accreditation/centres)

◆ 建議選擇中大型語言學校，確保設施不會過於簡陋。

◆ 選擇有能力提供多國學生一起上課的學校，這樣才能更有機會練習口說與了解不同文化。

◆ 建議選擇具有一定歷史的語言學校，每班上課人數不要超過 15 人以確保教學品質，但班上人數若能落在 8 ～ 10 人左右更能提供良好的師生互動。

◆ 選擇可以提供多元住宿方式的語言學校，有些 50+ 的朋友不

太習慣住寄宿家庭，可以選擇學生宿舍、簡易公寓或飯店。

◆ 此外學費、住宿費和生活費也是另一個需要考量的重點，學費和住宿費可透過學校網站或往來的 email 得知，另外也可以在台灣請遊學代辦中心查詢。

適合的地點、季節與天數

◆ 選擇中小型且富有歷史或觀光資源的城市當作熟齡遊學地點，避開大城市的昂貴與治安問題。

◆ 選擇交通方便的中小型城市，至少有鐵路或長途巴士能直達機場。

◆ 選擇生活機能良好的中小型城市，方便日常採購與課後活動安排。

◆ 英國語言學校在夏季經常人滿為患，建議避開 7、8 月前往，最佳月份為 6 月和 9 月，其他月份恐怕天氣太過陰冷和日照時間短，尤其是位於北方的城市會更加寒冷，熟齡者應該慎重考慮。

◆ 50+ 課程一般都以 2 週為基本申請單位，若有固定開課的學校最多可能可以提供長達 1 ～ 2 個月的熟齡課程，若非 50+ 課程，則可一次申請半年或一年課程，但需注意簽證問題。

◆ 建議城市：伯恩茅斯、布萊頓、劍橋或牛津等，以上這些城市在疫情前都有機場巴士從希斯洛或蓋威特機場直達。

行前準備

◆一般學校對參加 50+ 課程的學生有最低語言程度要求，所以可以在出發前稍微補習一下，把失去的英文能力找回來。

◆行李不宜攜帶過多，如果需要自己從機場到寄宿家庭報到難免舟車勞頓，太多行李會導致行動不便，且某些英國寄宿家庭也可能需要爬樓梯。

◆衣服建議攜帶洋蔥式，以 7 天為 1 次換洗單位攜帶，寄宿家庭或宿舍可以洗衣服，所以不用攜帶過多衣服前往。

◆一般寄宿家庭會提供浴巾供學生使用，若習慣使用自己的也可以自行攜帶。

◆建議為住宿家庭、老師或同學準備一些小禮物。

◆建議先上網預訂或查詢機場前往就讀學校所在地的長途巴士，長途巴士路線和價格可以在以下網站查詢：https://www.nationalexpress.com/en

英國基本資料

英國首都	倫敦
官方語言	英語
人口	6665 萬人（全世界第 21 名）
面積	24.4 萬平方公里（全世界第 80 名）
時差	台灣時間比英國夏令時間快 7 小時，比英國冬令時間快 8 小時
電壓	英國使用的電壓為 240V，使用三角扁平插座
簽證	台灣人停留不逾 6 個月，得享有免簽證入境待遇，至英國就讀半年以上語言學校者均需先辦妥學生簽證（目前因應疫情之故，簽證及入境規定隨疫情變化改變，出發前建議洽詢英國在台辦事處）
航班及飛行相關資訊	倫敦目前有 6 個機場，從亞洲飛抵的機場主要為希斯洛機場和蓋特威克機場（疫情過後，航班資料和飛行的航空公司或許有所調整，計劃時可先上網查詢） **不需轉機**：目前只有華航直飛倫敦蓋特威克機場，飛行時間約為 14 小時 **需轉機：** · 長榮航空在曼谷轉機 1 次 · 國泰航空在香港轉機 1 次 · 新加坡航空在新加坡轉機 1 次 · 荷蘭航空在阿姆斯特丹轉機 1 次 · 土耳其航空在伊斯坦堡轉機 1 次 · 泰國航空在曼谷轉機 1 次 · 馬來西亞航空在吉隆坡轉機 1 次

本書相關資訊為當下查詢，實際資訊建議臨行前以最新公告為主。

日常生活

手機網路 SIM 卡	目前有 Vodafone、Three 3 和 Lebara 等這幾家比較知名，詳細費用和使用方式可到以下網站查詢：www.vodafone.co.uk、www.three.co.uk、www.lebara.co.uk
貨幣	英國使用的貨幣為英鎊，紙鈔面額分為 5、10、20 和 50 英鎊，另外只有蘇格蘭和北愛爾蘭有 100 鎊面額的紙鈔。硬幣分為：1p、2p、5p、10p、20p、50p、1 鎊和 2 鎊
開車	在英國租車需準備國際駕照與台灣駕照，英國駕駛方向與台灣不同需更加小心，另外歐洲租車以手排車居多，自排車需提早預訂
英國伴手禮	Whittard 茶葉、Twinings 茶葉、Jo Malone 香水、Neal's Yard 有機護膚品和瑰柏翠保養品等

Info · 駐英國台北代表處

- 📍 地址：Taipei Representative Office in the UK
  50 Grosvenor Gardens London SW1W 0EB（鄰近火車與地鐵藍色線 Victoria 站）
- 📞 電話：(+44) 20-7881-2650
- 📞 緊急聯絡電話：(+44) 7768-938-765，也可直撥 00- 800-0885-0885，為外交部設置「旅外國人急難救助全球免付費專線」。
- 📞 通話方式：從英國打回台灣手機的方式為 00-886 + 手機號碼（去掉最前面的 0），從台灣打電話到英國的方式為 002-44 + 手機號碼（去掉最前面的 0）
- ⚠ 重要提醒：在英國旅遊期間，倘若遭遇車禍、搶劫等危及生命安全情況，請撥打英國警方 999 緊急專線求救，若是一般報案則撥 101

英國國定假日

日期	假日名稱	備註
1月1日	元旦 New Year's Day	
每年日期不一定	Good Friday	復活節前的星期五
每年日期不一定	Easter Monday	復活節後的星期一
每年日期不一定	Early May Bank Holiday	5月第1個星期一
每年日期不一定	Spring Bank Holiday	5月最後1個星期一
每年日期不一定	Summer Bank Holiday	8月最後1個星期一
12月25日	聖誕節	
12月26日	拆禮物節	

英國食物
挑戰你的台灣胃

英國人吃飯不像台灣人會有 3 菜 1 湯，通常主食和主菜都盛放在 1 個大盤子裡，並提供白開水佐餐，蔬菜的攝取量明顯不足，所以經常看到同學們結伴去超市購買水果補充纖維和維生素……

曾經有個國外的笑話是這樣說的：「在天堂裡，廚師是義大利人，警察是英國人；但在地獄裡，廚師是英國人，警察是義大利人……」，由此可見，大家對英國人的廚藝實在不敢恭維，也是有品質認證的「最差廚藝代表」，所以很多要到英國遊學的朋友們都很擔心民生問題，如果是住在含廚房設施的宿舍裡，那可能問題不大，但如果是選擇住在寄宿家庭，那每日享用 2、3 餐的英國食物可能就有點負荷不了了。

廚藝這件事情其實不能一概而論，就像同樣身為台灣婦女，我老媽的廚藝和我們幾個姊妹的廚藝可說是有天壤之別，明明就是使用同樣的食材和器具烹調，但火侯和調味料等的掌握就是一門極高深的學問了，同理可證，不見得每個英國寄宿家庭的伙食都會難以下嚥，不過普遍而言真的不太適合台灣胃。

來自異國的文化衝擊

英國最著名的食物大概就是 Fish&Chips 了吧！除此之外，最為人所知的便是英式下午茶，到了英國，只要吃到這 2 樣經典食物應該就已經不虛此行了，所以我們似乎很少聽到身邊的朋友說要到英國去吃美食，不過倫敦可能算是一個例外。

如果你遊學或旅遊的地點選在倫敦，那保證不會被英國的飲食文化給嚇壞，只是會瘦了荷包。倫敦是個各國人士聚集的國際級大城市，各國美食應有盡有，中國城的規模在世界上也是

◀英國接待家庭女主人傳授完美水波蛋作法

數一數二的，所以到倫敦遊學的朋友幾乎不用擔心飲食文化對生活帶來的衝擊，倒是物價的衝擊會比較大些。

以我在英國遊學 2 次和留學一年多的經驗而言，若能選擇自己烹調是最好不過了，但若是來短期遊學，試試英國人的家庭日常飲食也是一個不錯的體驗。初次去遊學時還未滿 20 歲，其實也不太分辨得出來美味與「僅用以維生」的區別，當時整日被異國美麗的風景與聽不懂的語言衝擊，所以也記不得寄宿家庭到底提供了什麼家庭料理，只依稀有印象女主人是在甜點店工作，故每日晚餐都會有甜點供應。

享受在英國的一日三餐

這次年近五十，再度遊學英國，身為熟齡遊學團領隊的我早早就跟團員告誡，不要對英國的家庭料理有不正確的期待，然而團員們分配到的寄宿家庭也是有廚藝高低之別，不過普遍感覺肉類的供應不像台灣用餐時那樣份量十足，尤其對一些肉食主義者的同學來說，他們中午外食那一餐都會吃特別多肉類來補足空虛感。

對我而言還好，因為我的寄宿家庭是個已經專業經營 40 年的老太太，都是她一個人在處理日常生活的大小事務，晚餐也是親力親為，口味上當然不如後來去遊學的西班牙或之前的日本，但已誠意十足！

英國人吃飯不像台灣人會有 3 菜 1 湯，通常主食和主菜都盛

▲英國的食物説不上美味但吃飽絕對不成問題

▼唾手可得的平價美味英式茶點組合

▲接待家庭女主人自製的 Fish & Chips

放在 1 個大盤子裡，並提供白開水佐餐，蔬菜的攝取量明顯不足，所以經常看到同學們結伴去超市購買水果補充纖維和維生素，而我們則是習慣盡量多吃優格，以維持長途旅行的腸胃道健康。

　　至於一般寄宿家庭的早餐就更加簡單了，通常是土司、喜瑞兒麥片、牛奶和熱奶茶等，寄宿家庭會事先準備好，但我們要自行取用，因為早上大家出門的時間可能不太一樣，若要同桌共食恐怕有困難，不過晚餐通常是一起享用的，一般寄宿家庭還會陪學生聊聊天，是個很棒的每日英語會話課，只是我們的老太太實在太愛聊天了，不僅早上有一堂 30 分鐘會話課，晚上還加碼一堂至少 90 分鐘起跳的晚餐會話時段，其實要不是每天

▲課程結束後到倫敦大快朵頤吃龍蝦

活動都太累了，這樣的加碼真的很超值。

　　分享這些英國住宿家庭料理並不是想嚇退大家到英國遊學的意願，而是希望大家有一些心理準備，當你遇上手藝較好的住宿家庭時，你就會覺得自己超級幸運的，若是遇上手藝一般的女主人，那你也不用過度難過了。

　　另外在選擇寄宿家庭時，請不要選擇供應每日 3 餐的，因為午餐通常都只是提供冷的三明治讓同學帶到學校，這不太符合台灣人的飲食習慣，尤其在寒冷的天氣裡還要啃食冰冷無味的三明治，這畫面會讓人感到有點厭世。建議選擇只供應早晚 2 餐的寄宿家庭，午餐可以自由在學校食堂或外面餐廳享用熱食，英國 Pub 裡的午餐真是一絕，之後再跟大家詳細介紹。

1年只工作
6個月的老師

生活與生命有時就是不同的選擇而已，有人選擇與名利共度一生，有人願意傾聽
自己內心的渴望，但如何在現實與理想間取得平衡，就是一門大學問了。

　　如果有個每年只需上班 6 個月的工作，是不是很吸引人呢？如果還能把剩下的 6 個月時間全部花在旅遊上，會不會讓你更好奇這是一份什麼樣的工作？其實只上半年班的工作在國外還不少，主要是很多地方四季分明，旅遊的淡旺季非常明顯，所以很多相關行業，只需要半年集中大量人力在工作上，剩下的半年，幾乎則是閒置狀態或讓從業者直接休假。

　　最明顯的例子就是阿拉斯加，阿拉斯加的旅遊旺季從每年的 5、6 月開始，直到 9 月左右結束，之後除了來欣賞極光的遊客之外，鮮少有人願意涉足天寒地凍的冰封之地，於是阿拉斯加在夏季經常需要聘僱大量的季節性工作人員，職位從導遊、餐廳員工到司機都十分缺人，我也曾一度想要申請郵輪公司在阿拉斯加的臨時聘僱，為期 3 個月的工作，但後來實在對自己的體力和耐力沒信心而作罷。

跳脫框架的生活方式

　　可別誤以為 1 年只做 6 個月的工作都是體力活，其實也有學有專精的人士投入這類只需工作半年的行業，例如：我在英國語言學校遇到的老師 Penny 即是一個完美的例子。

　　Penny 是位出生在英國的白人女性，是個年紀與我相仿的語言學校英文老師，她每年只在 4 月中～10 月中這 6 個月的時間留在英國，主要工作除了英語教學之外，還幫忙籌劃熟齡遊學課

◀ 英國老師 Penny 頒發結業證書給歪嘴雞

▲世界遺產侏儸紀海岸

▼課後旅遊與同學到索爾茲伯里參觀大教堂

▲戶外教學參觀大不列顛號蒸汽船博物館

▼科茲窩小鎮拜伯里的英國鄉間風光

外活動和青少年的暑期活動，也需負責帶領學生們戶外教學。

　　在這異常忙碌的 6 個月裡，她幾乎沒有什麼時間可以休假和生病，生活中只有工作和永無止境的下一個活動，由於她的細心規劃與貼心，讓我們在英國遊學期間得到非常多的收穫，也了解到原來世界上有另一種生活方式，只是你願不願意做這樣的選擇和犧牲。

　　Penny 主修航空工程，是個學有專精的優秀女性，之前曾在勞斯萊斯工作並擔任航空發動機的開發工程師，後來轉職教授航空英語和普通英語長達 10 年之久，在轉職之前，也曾經因為個人興趣擔任過短暫的導遊工作。

　　Penny 和我們分享，對她而言，她覺得工程師是個可以累積財富卻無趣的工作，所以才轉而投入導遊的領域，後來發現航空英語教學和熟齡遊學規劃，是個可以同時滿足她的財務所需與時間自由的選項。

　　由於英國受地理位置影響，在寒冷的冬天，陽光可能早在下午 4 點就收工了，此時還願意來英國學英語的外國人就顯得相對稀少，學校經營的規模也在淡季時大幅縮小，每位老師分配到的時數亦會隨之調整，若以賺錢為目的，此時還真不是從事教學的好季節。

　　愛旅行的 Penny 索性放棄這段時間的教職工作與薪資，揹著背包在全世界展開巡迴旅遊，在溫暖的南歐、中南美和東南亞尋找英國看不見的陽光與熱情，也由於這些地方的消費相對於

英國低廉許多，所以依靠著半年的收入，仍足以支撐 Penny 在其他國度半年旅遊的消費。

退休後的生活選擇

就旁人來看，Penny 的生活應該很令人羨慕，但能真正執行的人確實不多，她的內心有著對旅行無限的渴望，但卻仍有收入的需要，於是她選擇這樣的工作與生活方式，生活與生命有時就是不同的選擇而已，有人選擇與名利共度一生，有人願意傾聽自己內心的渴望，但如何在現實與理想間取得平衡，就是一門大學問了。

很多即將面臨退休的朋友會大量參考關於退休生活安排的相關文章，可見大家對即將無所事事的生活感到很惶恐，也有不少朋友短暫退休了半年、一年之後即重返職場，因為完全沒有收入的不安全感很令人惶恐，也有人是因為太早退休，無法忍受旁人的閒言閒語，只好隨意再找份工作，用以打發時間。

其實退休不見得是完全無所事事，只是可以有所選擇，做自己喜歡的事情，也不見得會完全沒收入，只是需要一些時間投入和摸索罷了，我覺得 Penny 的模式就很適合即將退休者仿效，應用所長把上班時間集中，然後再把假期拉得更長些，在收入、生活與興趣之間取得平衡，是最佳的半退休模式。

接待各國寄宿學生游刃有餘的70歲老太太

國外長者各個身懷好本領與獨立的性格，幾乎都保有自己的社交圈與喜歡的生活方式，子女只是擁有血緣關係的好朋友，不必經常互相牽絆，但需要時卻永遠都在。

　　70 歲對華人而言似乎是個不小的年紀，如果年過 70 還留在職場打拼，那應該都是屬於董事長級或 CEO 之類的人物了吧！在台灣，70 歲應該也是個該含飴弄孫、頤養天年的歲數了，連想跟團出國旅遊，旅行社都要求要有親友陪同報名才能參加，社會上對超過 70 歲人士的看法，似乎普遍為：雖然不到生活無法自理，但獨自居住恐怕卻也有危險。

　　然而，這些對年紀的迷思在國外則普遍不存在，我曾經在美國目睹 80 歲的老太太開車帶著 90 幾歲的朋友去髮廊修剪頭髮，雖然感覺有些驚險，但在美國德州那個地廣人稀的地方，無法開車就等於沒了腳，所以很多人到了 7、80 歲都還是堅持自己開車。

寶刀未老的寄宿家庭接待者

　　這次在英國入住的寄宿家庭經營者是個喪偶的獨居老太太，

其實說她是老太太，可能有些不太公平，因為她每天要付出的體力絕對不比我們少，除了要把後院的花園整理得像公園，還要負責寄宿者每日的晚餐，每週清洗 1、2 次的衣物，還得將家裡整理得一塵不染，不說應該看不出來她是 70 歲的老太太。

除了接待世界各地前來學習英語的學生之外，她也會替自己安排很多活動，例如：每週上健身房 2 次、每週與姊妹淘聚餐 1 次，偶爾才與兒子、媳婦和孫兒聚會，剩下的時間她大多安排買菜、上網和看電視，而且不說還真不知道，老太太年輕時曾是個賽車手，所以她每天晚上最喜歡看的電視節目就是賽車了，是不是很顛覆我們對一般老太太的想像呢？

在英國，上了年紀還經營接待家庭的老太太也不算少，除了可以增加額外收入，重點是有人可以陪伴，不用一個人守著空蕩蕩的房子，整天找不到對象說話，像目前台灣有些地方正在推廣的「老青共居」或「青銀共居」也是類似的概念。

我們寄宿家庭的女主人，Jenny，其實從年輕時就已經和老公共同投入經營寄宿家庭的全職工作，接待過的國際學生數都數不清，家裡的擺設有來自全世界學生的禮物，還有一本又一本的學生感想留言簿，留言簿裡還會附上學生的照片，她也經常翻閱這些留言簿和我們聊起一些特別的回憶，感覺這些曾經短暫駐足過的學生豐富了她的生命，我們也在留言簿裡留下了我們的感動，希望在 Jenny 的記憶裡也有我們的一席之地。

以自己為中心造就出的生活圈

　　Jenny 在幾年前失去了丈夫，雖然已經不需要靠經營接待家庭來貼補家用，但她卻選擇性的在旺季時幫忙語言學校接待學生，主要也是想保有這種與國際人士的互動，讓自己的生活有點忙碌，這或許也是證明自己寶刀未老的最佳方式。

　　雖然這在英國已經不是什麼新鮮事，不過對於我們這群 50 歲左右的熟齡學生來說，要讓 70 歲的長者幫忙伺候餐食與打掃似乎感到有些不太自在，只能說台灣的老人太幸福了，經常有子女隨侍在側可以幫忙處理大小事物，很多長者幾乎不太需要

▼ Jenny 是位充滿智慧且獨立的住宿家庭女主人

從事體力勞動的工作，只要早起去運動就行了。

　　而在很多已開發國家，由於勞力成本過高，生活中很多的瑣事還是得親力親為，例如修水龍頭、組裝家具或修改衣服等等，這也造就了國外長者各個身懷好本領與獨立的性格，就算他們有子女，也幾乎不與子女同住，更不需要經常見面，乍看之下好像外國的老人很可憐，但仔細觀察後，發現這才是身心健全的生活方式，外國長者們幾乎都保有自己的社交圈與喜歡的生活方式，子女只是擁有血緣關係的好朋友，不必經常互相牽絆，但需要時卻永遠都在。

▼女主人的柔軟度比當時不到 50 歲的我好上許多

Pub裡的超值午餐

Pub 除了啤酒和午餐很吸引人之外，幽默的酒保也是吸引我們前往的一大誘因，記得我們一群年過半百的同學，進到一家 Pub 時，年輕美麗的女酒保攔住我詢問：「Are you all over 18 ？」

　　英國的 Pub 應該是全世界知名的吧！ Pub 是 Public House 的縮寫，而 Pub 的發源地其實就是英國，現在英國各地統計共超過 5 萬個英式酒吧，在許多地區，英式酒吧是當地社交活動的中心，有點類似台灣鄉下的廟口或是城市裡的里民活動中心，因此 Pub 在鄉村的地位顯得相當重要，但大家不要誤以為到 Pub 去只能喝酒聊天，其實 Pub 裡的午餐才是最吸引我前去的目的。

　　細算起來，英國喝酒的文化已經有數百年的歷史，Pub 是英國人生活中不可或缺的一部分，Pub 的營業時間大概是從早上 11 點到午夜，但根據法令，過了晚上 11 點之後便不能再賣酒了，所以酒保會在晚上 10:50 左右大喊「Last Order」，讓客人知道供酒時間已經快要結束了。

最在地的娛樂方式，大家一起 chill 嗨嗨

　　英國人是出了名的愛喝酒，但在白天應該很少人有空去酒

吧聊天喝酒吧！於是 Pub 就賣起了經濟實惠的午餐，吸引顧客在白天時段也前來光顧。因為我們的寄宿家庭只提供早晚 2 餐，所以 Pub 成了我們吃午餐的最佳選擇，但是 Pub 有那麼多家，要從何選起呢？

　　除了上網看評價之外，最簡單的方法就是問問學校老師或寄宿家庭了，別看這些人都已垂垂老矣，大家對 Pub 可說是如數家珍，很顛覆我們對老太太們的刻板印象吧！因為老太太們從年輕到老，最常聚會的場所便是各個不同的 Pub 了，所以你如果看到英國老太太們聚在一起大口大口地喝啤酒聊天，千萬不要覺得很驚訝，這種聚會就跟我們台灣長輩們聚在一起泡茶

▼ Pub 裡的超值午餐「鹹派」

的景象是一樣的，一樣地聊著八卦和交換新知，只不過喝的飲料有所不同罷了。

　　二十多年前我們還在英國念書時，當時 Pub 裡 Half Pint（半品脫）的啤酒大概只要 1 英鎊，如今時隔幾十年，Half Pint 的各類啤酒漲到了約 2、3 英鎊，為什麼我愛點 Half Pint 而不是 One Pint 呢？因為 1 品脫約等於 568cc，以我們這種無法快速喝完 1 杯的人來說，喝到最後啤酒可能變溫又變苦了，於是每次點杯半品脫的啤酒是比較適合我們的喝法，不過 Pub 裡的英國人好像很少點這麼小杯的啤酒來喝，因為他們都是訓練有素的「飲君子」。

午餐、朋友、姻緣，Pub 原來什麼都包辦

　　以英國不算便宜的物價，你大概猜不到 Pub 裡午餐的價格，以我們這次待了 2、3 週的經驗來說，中小型城市的 Pub 午餐大概 5 英鎊起跳，別以為 5 英鎊吃不到什麼豐盛的餐點，我們就吃過 5 英鎊的

◀到了英國也入境隨俗，無時無地都要來上一杯

Fish&Chips、漢堡和豬肋排等隱藏在 Pub 裡的超值午餐，外面隨便一個外帶的 Fish&Chips 大概都不止 5 英鎊了，更何況 Pub 是可以坐下來好好享用餐點與聚會的場所，難怪英國人愛上酒吧更勝於上餐館了。午餐時段的飲料也經常有特惠，只是每家的優惠不太一樣，你如果到英國遊學或 Long Stay，不妨花點時間找幾家 Pub 試試他們的午餐。

Pub 除了啤酒和午餐很吸引人之外，幽默的酒保和友善的本地客人也是吸引我們前往的一大誘因，記得我們一群年過半百的同學，一起進到一家老師推薦的 Pub 時，年輕美麗的女酒保攔住我詢問：「Are you all over 18？」（你們都年滿 18 了嗎？），逗地大家心花怒放。唉！歲月如飛刀，18 歲已是幾十年前的美麗過往了。

待大家七嘴八舌地詢問各個不同的品項與價格之後，每位同學人手一杯坐定在 Pub 裡隱密的角落大聲聊天，隨後走過來位貌似老闆的大鬍子先生，竟然端了一杯他推薦的啤酒請大家品嘗，雖然只有 1 品脫，但是大家還是超開心，後來還發現他也不是什麼老闆，跟我們一樣，只是店裡的客人，隨後他與美麗的酒保還和我們在酒吧裡開心合影，這又再次打破我們對英國人冷漠的刻板印象，英式酒吧果然是社交的好場所，聽說不少人在這裡認識另一半，你如果還是獨身一人，不妨天天到酒吧去報到試試看，說不定姻緣就在酒吧裡。

▲ Pub 裡的超值午餐「Fish&Chips」

▼ Pub 裡的超值午餐「雞肉捲」

跟著老師一起去看賽狗

我從賽狗中感受到，英國人下注的賭資其實都很小，追求的不是輸贏，而是為自己的選擇加油和在搖旗吶喊中釋放壓力的過程。

原以為觀賞賽狗不過是個濫竽充數的行程，所以也沒懷抱太大期望，畢竟大家可能只知道英國的炸魚薯條、Pub 和威士忌，但應該很少人去英國看賽狗的吧！

說實話，如果是我自己自助旅行，賽狗應該不會列入我的必去景點，但由於學校活動是在地老師精心策劃的，他們認為賽狗活動是很棒的文化體驗，所以我們一行人就浩浩蕩蕩地一起參與了這場盛會，相信這是多數各國同學的第一次人生初體驗，所以大部分人的結局也是以小輸收場了。

第一次賽狗就上手

話說小賭可以怡情養性，酒可以助興，賽狗場裡不僅可以下注還可以喝酒，至於下酒菜的口味，大概僅止於維持生命跡象，如果生命跡象還算穩定，勸你可以把錢省下來多喝兩杯。

坐定之後，大家可以翻閱一下賽狗場針對今天賭局所提供的「教戰手冊」，裡面有每一局比賽的時間、每隻參賽狗過去的學經歷和勝率，然後大家就可以向收賭資的服務人員下注，

最低賭資為 1 英鎊，下注的方式有好多種，但初來乍到的同學們也沒怎麼搞得清楚，反正大夥就只是想跟著瞎起鬨，喜歡那種微醺之後，可以肆無忌憚為自己下注的狗搖旗吶喊的快感，有點類似在台灣海產店裡喝啤酒划拳的氛圍，人生似乎好久沒有這麼放肆了！

每隻狗出賽前，都會先繞場給我們這群不專業賭客們一睹風采，然後大傢伙可以對著狗兒們品頭論足討論一番才下注，如果是一出場就緊張得像尿失禁那樣到處撒尿的狗，便感覺勝率不高；相反地，如果昂首闊步活碰亂跳的狗，似乎就有點冠軍相了。

繞場之後，狗兒們會被放到柵欄後面等候槍響出賽，槍響後不到幾秒的時間，勝負已定，所以老眼昏花的賭客們根本無從判斷輸贏，只能透過電視螢幕知道下注的狗兒是否跑出好成績，還可以直接請工作人員來核對手中下注的單子是否贏錢。輸贏雖然不大，但客人嘻嘻哈哈的談笑聲和加油聲真的很紓壓，若有機會到英國的話，不妨前來小試手氣，真的是個不錯的文化體驗！

超乎想像的文化體驗

原本以為英國人都很冷漠與高傲，但住在日照充足地區的南英國人，則顛覆了我們的刻板印象。記得上次一群同學到 Pub 吃午餐時，留著長鬍子的英國佬大方地請了我們一杯啤酒，

這次賽狗場裡只有我們這一群黃種人，由於座位安排的關係，沒什麼機會和當地人交流下注經驗，也沒機會被英國人請喝酒，只下了幾注就到了預定返回住宿家庭的時間，其實同學們都還意猶未盡，因為才剛剛開始真的好像懂得怎麼下注了。

　　離場前許多英國人對我們行注目禮還面帶微笑，也有人試圖與我們握手和交談，大概是很少在賽狗場這麼充滿在地文化的地方看到外國人吧！

　　深度文化體驗往往不是一般旅行所能觸及的，對一個文化的了解往往需要在地人的帶領，唯有慢遊和 Long Stay 才能接

▼賽狗們聽聞槍響後「奪門而出」（圖片提供／Ellie Chen）

觸到更多道地的當地人，享受到與眾不同的體驗，如果說旅行是為了增加生命的廣度，那慢下腳步來才能品味與咀嚼這些人與活動所能帶來的特別感受。

我從賽狗中感受到，英國人下注的賭資其實都很小，追求的不是輸贏，而是為自己的選擇加油和在搖旗吶喊中釋放壓力的過程，就像很多台灣人喜歡到 KTV 去歡唱紓壓一樣，可惜我沒有好歌喉，如果有選擇，我會選擇到賽狗場吶喊，準備個 10 英鎊玩它一個晚上，再加上 2 杯英國鮮釀啤酒，既紓壓且暢快！

▼賽狗們在賽道上奔馳，賭客們也隨之情緒高漲（圖片提供／Ellie Chen）

半百同學們跟
當地人一起玩遊戲

在遊戲過程中，大家都與當地人產生了非常良好的互動，也深入地了解我們所居住的城市樣貌。

　　年過半百的我們大概很少有機會玩遊戲了，頂多就是陪著孫子熱鬧一下，也算不上什麼真正的玩遊戲，大概都是陪伴的成分居多。

　　以過去帶領青少年遊學團的經驗來說，要正值青春期的學生敞開心胸、不顧形象與各國來的同學們一起玩遊戲，那簡直是不可能的任務，所以我原本對熟齡同學們的投入程度也是相當存疑的，猜想，大家大概就是採取不合作態度來應付老師吧！

　　能帶領熟齡學生們的老師，通常都是極富耐心與教學經驗豐富者，因為半百學生的學習能力大不如年輕學子們，同樣的問題需要重複的次數更多，反應也不如年輕人迅速，但年長者的學習態度往往很令人感佩，雖然大家已經不需要用增強英文能力來取得升職或證明自己，但大家還是會把握機會練習，就算是一點點的進步也能讓熟齡者感到無比的快樂，那是自我突破的成就感。

激起童心的午後

　　在沒有安排觀光行程的午後，老師帶領著我們前往當地著名的公園上課，依據大家的英文能力，老師將程度不等的同學個別分組，然後各組拿到 1 張列有 10 個問題的 A4 紙，各組必須在限定時間內與當地人互動，取得 10 個問題的答案前來交卷，再由老師一一更正答案，最後選出答題數最高的前 3 隊頒獎，聽起來像是個沒什麼大不了的遊戲，但拿到題目的當下，每組竟然以跑百米的速度展開尋找答案的舉動，這點有點讓我意外，原來中老年人比小孩更愛玩遊戲，只是沒找到玩伴與適合的玩法罷了！

▼老師設計遊戲讓學生們能鼓起勇氣與路人互動

　　大家應該很好奇到底這 10 個題目是哪些問題吧？為什麼要與當地人互動才能找出答案呢？老師還規定不能只找一個人詢問，也不能讓路人直接完成所有的問題，甚至禁止去遊客服務中心問工作人員。憑著記憶，我將英文題目的部分內容列舉如下：

◆請寫出當地報紙的名稱，並告知每份的售價。

◆今天下午 2 點～ 4 點有哪部電影可以觀賞？每張票的售價是多少？

◆在這個公園裡打場迷你高爾夫是多少錢？丟失 1 個球要賠償多少？

◆當地最有名的冰淇淋店是哪家？每球售價多少？

◆這裡最出名的 Fish&Chips 是哪家？每份外帶要多少錢？

　　拿到題目後，我們只有 30 分鐘的時間，需在公園附近東奔西跑找答案，除了

◀遊戲讓同學們與公園裡的友善老人增進互動

93

用英語與當地路人交談之外，還要跑去電影院看播放的時間與價格，跑到冰淇淋店時順便買了 1 球來吃，試試看這是不是真的是當地最好吃的冰淇淋，到了 Fish&Chips 名店時，也順便外帶了份來充飢，整個 30 分鐘的過程可說是非常忙碌。

以當地人視野，看見不同的風景

但在遊戲過程中，大家都與當地人產生了非常良好的互動，也深入地了解我們所在地的城市樣貌，這是一個精心設計過的

▼搭渡輪時遇上的當地友善長者

課程，大家投入與喜愛的程度遠遠超出了我的想像，原來熟齡者的英文學習也可以這麼活潑和生活化，除了遊戲設計讓我驚訝之外，同學們的投入程度也是令人意外。

還有最重要的一點，就是伯恩茅斯（Bournemouth）的當地人非常熱情與友善，尤其是坐在公園裡的老人，都十分熱心地想幫忙各組同學，又再次顛覆了我們對英國人冷漠的刻板印象，如果有機會到英國遊學或 Long Stay，或許也可以考慮一下伯恩茅斯或是其他遠離大城市的美麗小鎮，相信你會看到真正英國人的樣貌。

也或許是伯恩茅斯地處南方，是英國日照天數最多的地方，造就了這裡的居民相對比較熱情，如果到伯恩茅斯自由行，重點除了海邊和市區的景點之外，最不可錯過的，應該是被列為世界遺產的侏羅紀海岸（Jurassic Coast）！如果有機會到伯恩茅斯停留 3 天以上的時間，我也同樣推薦到附近的普爾（Poole）、基督城（Christchurch）及科夫城堡（Corfe Castle）去觀光，英國的公共交通與鐵路都非常方便，即使不租車或不參加 1 日遊，還是可以到處走透透的，就算你沒有太多自由行的經驗，也可以很自在地穿梭在伯恩茅斯的街道之間，大家不妨將此地列入下次的英國行程當中，也來感受一下我所感受到的不同。

到了國外才知道自己身體很虛

雖然一樣是外國人，但生活方式和習慣也是大不相同的，不過感覺他們真的都比較耐寒，身長於亞熱帶的我們，是否會比較耐熱？

　　比起老外的人高馬大，我們在外型上的確略遜一籌，但是外國人到底是不是外強中乾呢？以我在國外生活多年的經驗，在國外住久了，的確身體對抵抗寒冷的適應能力會提升，不知是否因為身邊的人都沒穿太多的緣故，導致自己也跟著穿得比較少？還是在國外住久了就真的比較耐寒？

　　這次跟著熟齡遊學團初到英國的前幾日，大家的身體都還在適應當中，對英國人來說，5、6 月其實已經進入了夏季，但氣溫仍只有十多度或者更低，即便被溫暖的陽光照耀，對我們而言，那也不過是沒有寒流的冬天，但走在路上，卻看到英國人總是身穿夏季洋裝和短褲，對比穿著防風外套與毛帽的我們，總有種令人精神錯亂的感覺，這到底是外國人身體太強壯了，還是我們太虛弱了？

寒冷冬日生存記

其實在國外，暖氣幾乎是家庭必備的家電，即使在寒冷的冬天，他們在家裡仍穿得不多，出門時才會加上厚外套禦寒。這引發我記起另一件有點好笑的往事，我曾在上海短暫居住過7、8個月的時間，歷經了上海的酷暑與嚴寒後，最讓人無法忍受的，是冬天在客廳裡看電視，即使暖氣溫度調到了28度，但室溫卻永遠無法達到要求，猜想是窗戶老舊，隔絕冷空氣的能力太差所致，導致我們必須穿著羽絨衣和襪子在客廳裡看電視，就差沒帶個毛帽和手套，便可以出門去了，更恐怖的事還在後

▼剛到英國還不太適應當地天氣，就去參加美食節活動

頭，因為上海的租屋處所使用的並非中央
空調或地暖，每當我們離開客廳去上廁
所，沒開暖氣的地方和室外幾乎是同樣溫
度，故廁所等於是戶外的一部分，離開室
內，溫度從十幾度瞬間降到了冰點，跟走
進冰箱上廁所沒什麼兩樣，而坐在冰冷冷
的馬桶上如廁，更是另一個嚴峻挑戰。

　　不過這些恐怖的經歷，並不會在英美
等國家發生，主要是他們幾乎都使用中央
供暖系統，也會將室內溫度設定在一個範
圍內，每當半夜溫度驟降，暖氣會自動啟
動，而溫度達到設定要求時，也會自動停
止供應暖氣，所以室內通常會呈現恆溫狀
態，不過每個家庭設定的標準不太一樣，
有些寄宿家庭會調得高些，有些會設定得
低一些，有些同學還是會覺得夜晚室溫太
低，所以跟寄宿家庭要求多加床被子。

體質也能入境隨俗嗎

　　我們在英國的穿著，隨著時間的經過

▶當地人只穿著夏季服裝就出門了

也起了些變化，慢慢地脫離了愛斯基摩人的打扮，在室內時開始穿著薄襯衫，到戶外才加上防風外套，再加上氣溫慢慢提升，年過半百的我們其實適應地蠻良好的，不過距離穿上細肩帶洋裝出門逛街還是很遙遠，或許再多住個 1、2 年，可能身體比較強壯的夥伴可以嘗試挑戰看看。

英國和美國的生活習慣不太一樣，可能是傳統的習慣使然，英國人比較常喝熱茶，也較少在飲料中加入冰塊，但美國人可就大不相同了，即使是在下雪的日子，到了餐館仍會提供給你加了很多冰塊的冰開水，面對我們這種會要求提供溫開水或是熱水的民族，他們也是覺得匪夷所思，而且美國人家裡較少準備熱水壺，不過咖啡壺倒是家家必備，雖然一樣是外國人，但生活方式和習慣也是大不相同的，不過感覺他們真的都比較耐寒，身長於亞熱帶的我們，是否會比較耐熱？似乎好像也不是那麼一回事呢！

◀學校附近鄉鎮科夫城堡保有濃濃的英國風

英國熟齡遊學 Q&A

Q1　不會 ABC 能不能去遊學？

　　若是參加每年固定開課的「50+ 英語遊學課程」，都是需要具備基礎英文能力的，或許有極少數語言學校不要求入學程度，但分班上也會面臨挑戰，一般這種 50+ 的課程只約略分成 3 ～ 4 級左右，程度真的太低或太高，都很難有適合的班級可以上課，因為一般的參與者都是處在初級與中級左右的程度居多。但另外有 2 種方式可以讓幾乎零基礎的 50+ 學生參與：

◆ **第 1 種**：參加一般的混齡課程，而非專為 50+ 設計的課程，這樣可以和程度相當的年幼學生一起上課，但缺點可能是無法參加 50+ 課程下午的課後活動。

◆ **第 2 種**：參加國內客製化的熟齡遊學團，這種遊學團在某種程度上比較能照顧到對英語沒那麼有把握的學員，團員由於年紀相當，也容易打成一片，但缺點就是團員容易使用中文交談，對想真正努力趁機學好英文的學員是個缺憾！

　　國內雖然已經有針對 50+ 組團出國遊學的遊學公司出現，但在新冠肺炎發生前，加總起來每年的出團量仍不足 10 團。

Q2　熟齡遊學和旅遊有什麼不同？

　　熟齡遊學是指 50 歲以上在國外的語言學校上課和參加課後

活動的另類旅遊行程，這種遊學行程和年輕學生參與的寒暑假遊學團沒有太大的不同，都是短期上課結合旅遊的海外行程，可以自己一個人向海外語言學校報名參加，也可以參加國內遊學團一起出發。熟齡遊學和一般海外旅行大概有幾點不太一樣：

◆ 早上必須參與學校安排的課程，重溫當學生的感受，有時候也會有家庭作業。

◆ 參與熟齡遊學者的年齡都介於 50 ～ 80 歲，是一種分齡學習和分齡旅遊的概念，不會像一般旅行團成員有小朋友、學生、新婚夫妻、年長者和行動不便者，不管大家的年齡和喜好如何卻一起從事所有的活動。熟齡遊學的課後活動都是學校根據參與者的年齡所設計，所以比較適合 50 歲以上的人士參與。

◆ 熟齡遊學主要是住在寄宿家庭或學生宿舍，有時也會搭配簡易型旅館，不像旅行時的住宿大都是以飯店為主。

◆ 遊學 Long Stay 的概念也和一般海外旅行有很大的不同，通常熟齡遊學都是幾週的時間固定住在同一個城市和同一個寄宿家庭或宿舍，不像旅行時需要天天整理行李和換飯店。

◆ 熟齡遊學比起旅遊更能深入了解一個地區的文化，也更有機會體驗當地生活和認識朋友。

Q3 住寄宿家庭會不會很不方便？

其實多多少少會有點不便，就像去親戚或朋友家借住的情

況一樣，畢竟不是自己的家或是飯店，在公共區域的使用上需顧慮其他的使用者或寄宿家庭成員，如果是共用廁所還需注意保持清潔和使用時間，加上海外水電費較高，所以還要盡量幫忙省水省電，另外供餐的寄宿家庭可能還有供餐時間的規定要遵守，餐食也可能不盡如人意和合乎口味等等，所以對 50+ 的熟齡者來說，住寄宿家庭有些時候的確是個挑戰，但這也是更深入了解文化與當地生活最好的方式。

假如是外國人來台灣 2 週，想深入了解台灣，除了玩之外，最好是跟台灣人一起住、一起吃喝和聊天，唯有透過這樣密切的接觸，才能深入理解一個文化，而且你也可能有機會遇上很不錯的寄宿家庭，開跑車帶你去兜風，或是天天在家吃牛排喝紅酒，不管如何，這些都是體驗的一環！如果你真的很害怕和外國人長時間相處，或是害怕這些不方便，那在選擇學校時，可以挑選可提供學生宿舍或簡易型旅館住宿的學校。

Q4 該用什麼心態開始重新當學生？

其實就是平常心，不用給自己太大的壓力，由於同學都是50 歲以上的各國成員，大家來此的目的就是放鬆、交朋友、體驗文化與生活、旅遊和學習等，不會真的想來拿個學位或戰戰兢兢怕出任何錯誤，我覺得放空和放下一切是最好的心態，讓自己短暫的歸零，重新作為學生好好再活一次，忘了自己是個阿公阿嬤、婆婆、太太和媽媽的身分，只當自己是個熱愛學習、

旅遊與體驗的大人。

Q5 同學的年紀和組成份子為何？

年齡都是 50 歲以上，外國人很多 7、80 歲還去參加此類的課程，學校沒有年齡上限的規定，基本上只要年滿 50 歲都可以參加。參加者各行各業都有，有些是請了假來邊度假邊學習的在職人士，但更多的是家庭主婦和退休人士。

Q6 英國遊學 1 個月大概要準備多少費用？

這個和選擇的地區、學校和自己對食宿條件的要求等有密切的相關，我以之前的英國伯恩茅斯經驗為例將費用拆解如下：

支出項目	花費金額（英鎊）	備註
學費	1800	含上課及課後活動費用
住宿費	800	含寄宿家庭早、晚餐費用
伙食費	500	含上課期間午餐費用、咖啡、下午茶及假日出遊午、晚餐費用
交通費	200	上下課巴士交通費用及近郊旅遊交通費
倫敦機場往返寄宿家庭私人接送	350	若自行搭乘火車或巴士可節省此筆支出
其餘開支	600	含假日旅遊、書籍、註冊、保險、寄宿家庭配對費用等

以上費用合計為 4,250 英鎊，以 2021 年 7 月匯率 39.46 計算約合台幣 16.8 萬元（不含往返倫敦機票費用），但若選擇遊學的地區為倫敦或其他物價較高的地區，費用可能增加 50 ～ 100%。

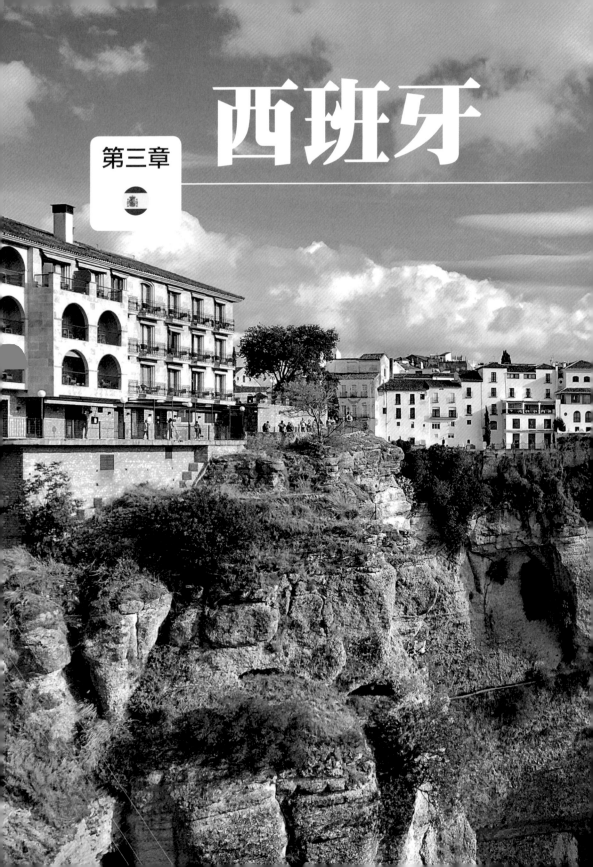

西班牙

第三章

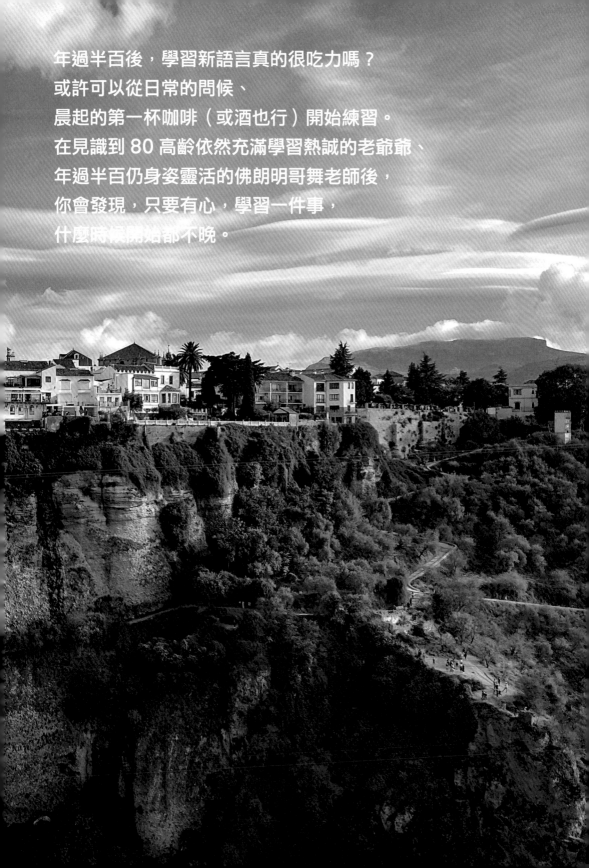

年過半百後，學習新語言真的很吃力嗎？
或許可以從日常的問候、
晨起的第一杯咖啡（或酒也行）開始練習。
在見識到 80 高齡依然充滿學習熱誠的老爺爺、
年過半百仍身姿靈活的佛朗明哥舞老師後，
你會發現，只要有心，學習一件事，
什麼時候開始都不晚。

西班牙
熟齡遊學小貼士

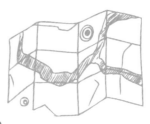

西班牙語言學校的挑選

◆ 建議挑選有固定為 50 歲以上學生開課的語言學校，網路搜尋可使用 Spanish 50+ language school 去搜尋，也可以將想去遊學的地點、地名放入一起搜尋，例如想去巴塞隆納遊學就可以用以下的關鍵字搜尋：Barcelona 50+ Spanish school

◆ 選擇通過認證的語言學校，如果只是隨便在網路上搜尋，可能會發現西班牙有超過 500 所以上的語言學校，但其中只有 150 所左右通過 SACIC（Cervantes Institute Accreditation System for Institutions Teaching Spanish）的認證，大家可以在以下網址找到這些通過認證的語言學校：

https://acreditacion.cervantes.es/centros_espana.htm

◆ 建議選擇中大型語言學校，確保設施不會過於簡陋。

◆ 選擇有能力提供多國學生一起上課的學校，這樣才能更有機會練習口說與了解不同文化。

◆建議選擇具有一定歷史的語言學校，每班上課人數不要超過15 人以確保教學品質，但班上人數若能落在 8 ～ 10 人左右更能提供良好的師生互動。

◆選擇可以提供多元住宿方式的語言學校，因為有些 50+ 的朋友不太習慣住寄宿家庭，可以選擇學生宿舍、簡易公寓或飯店。

◆此外學費、住宿費和生活費也是另一個需要考量的重點，學費和住宿費可透過學校網站或往來的 email 得知，另外也可以在台灣請遊學代辦中心查詢。

適合的地點、季節與天數

◆選擇中小型且富有歷史或觀光資源的城市當作熟齡遊學地點，避開大城市的昂貴與治安問題，且中小型城市與機場或火車站之間的交通也較為便捷。

◆選擇生活機能良好的中小型城市，方便日常採購與課後活動安排。

◆6 ～ 8 月屬語言學校旺季，加上天氣炎熱和人潮較多，應盡量避免前往語言學校就讀，另外西班牙南部地區夏季高溫可達 40 ～ 50 度，若只能在夏季前往應謹慎考慮遊學的區域。

◆需留意西班牙許多住宿家庭或宿舍並沒有冷氣設備，所以夏季時，中午有些地方會顯得酷熱難耐。

◆以西班牙南部來說，最推薦的月份為 4、5 月和 10 月，氣候較舒適宜人，學生和觀光客也不至於過多，另外巴塞隆納幾

乎 4 月～ 10 月都是旅遊旺季，如果可以應該盡量安排避開。

◆50+ 課程一般都以 2 週為基本申請單位，也有學校提供 1 週的課程，最長學習期間每個學校不一，也可在 2 週的 50+ 課程結束後轉入一般課程學習，但需注意簽證問題。

◆建議城市：馬拉加、瓦倫西亞、賽維亞和格拉那達等。

行前準備

◆一般 50+ 的團體西語課程會有最低語言程度的要求，根據程度分班上課，上課的內容最簡單的等級為 A1（西語課程的分級制度為 A1, A2, B1, B2, C1, C2），A1 是基礎班，基礎班多數會直接切入自我介紹和簡單問候，建議大家在出發前先熟悉西語發音再行出發，若有基本英文能力，對西語的學習會大有幫助。少數學校願意錄取完全沒有基礎的 50+ 學生，也有另一種操作方式是上課時與零基礎但不同年紀的學生一起上課，課外活動時才與 50+ 的各國學生一起活動。目前國內也有遊學公司與語言學校共同籌劃團體的 50+ 零基礎課程，但每年只有 1、2 團前往西班牙遊學，名額和時間都受到限制。

◆行李不宜攜帶過多，如果需要自己從機場到宿舍或寄宿家庭報到難免舟車勞頓，太多行李會導致行動不便，尤其是需要爬樓梯時會變得相當困難，也建議直接請學校代為安排接機，直接送達宿舍或住宿家庭，避免提著大包小包問路找路，引起歹徒注意。

◆衣服建議攜帶洋蔥式，以 7 天為 1 次換洗單位攜帶，宿舍或寄宿家庭可以清洗衣服所以不用攜帶過多衣服前往。

◆一般寄宿家庭會提供浴巾供學生使用，若習慣使用自己的也可以自行攜帶，學生宿舍提供的配備不一，建議行前向學校或代辦中心詢問清楚，避免物品攜帶過多或不足。

◆建議為住宿家庭、老師或同學準備一些小禮物。

西班牙基本資料

西班牙首都	馬德里
官方語言	西班牙語
人口	4733 萬人（全世界第 30 名）
面積	50.6 萬平方公里（全世界第 51 名）
時差	台灣時間比西班牙夏令時間快 6 小時，比西班牙冬令時間快 7 小時，西班牙的加那利群島則慢西班牙本土 1 個小時
電壓	西班牙使用的電壓為 220V，使用兩圓孔插座，插座外圍有圓框
簽證	持台灣有效護照且註有身分證字號者進入申根國家旅遊免簽證，西班牙屬申根國家，所以一般人可以在西班牙停留 90 天免簽證，在離開申根國家當日，護照須仍具有 3 個月以上的效期。如需申請學生簽證，可請語言學校發給必需文件協助申請

航班及飛行相關資訊	目前台灣飛往西班牙均需轉機,含轉機時間最短約需 18 小時左右才能抵達馬德里 ◎轉機 1 次飛往馬德里 · 荷蘭航空在阿姆斯特丹轉機 · 土耳其航空在伊斯坦堡轉機 · 義大利航空在羅馬轉機
	◎轉機 1 次飛往馬拉加 · 土耳其航空在伊斯坦堡轉機
	◎轉機 1 次飛往瓦倫西亞 · 土耳其航空 · 荷蘭航空 · 義大利航空 雖然只需轉機 1 次,但普遍來說轉機時間可能過長,建議可採轉機點過夜,或在轉機地停留幾天的方式以解決轉機時間過長的問題
	賽維亞雖然為西班牙第 6 大機場,但從台灣出發並無適合的航班或聯程票可以購買,建議先飛抵歐洲停留再轉搭歐洲境內班機前往,適合轉飛的機場有馬德里、巴塞隆納、倫敦和巴黎等,若想把 2 本機票訂在同一天,則需特別留意行李可能無法直掛和機場轉換等問題
	台灣飛往格拉那達則是面對與飛往賽維亞類似的狀況,建議先飛抵歐洲或西班牙境內再轉搭歐洲航空公司前往格拉那達,馬德里和巴塞隆納為較佳的轉機點,需留意可能要開 2 本機票或行李恐無法直掛與機場轉換等問題

本書相關資訊為當下查詢,實際資訊建議臨行前以最新公告為主。

日常生活

手機網路 SIM 卡	目前幾家較為人知的電信有 Vodafone、Orange、Movistar 和 Yoigo 等這幾家比較知名，可抵達當地時再持護照購買，也可透過台灣 SIM 卡販售商在出發前先購買好，建議尋找有優良客服的商家購買，避免在海外無法使用時求救無門
貨幣	西班牙使用的貨幣為歐元，紙鈔面額分為 5、10、20、50 和 100 歐元，硬幣分為：1 分、2 分、5 分、10 分、20 分、50 分、1 歐元和 2 歐元
開車	在西班牙租車需準備國際駕照與台灣駕照，唯治安稍差，所以停車時應盡量避免將貴重物品存放於車內。另外歐洲租車多數為手排車，若需要自排車請提早預約
西班牙伴手禮	橄欖油脆餅、西班牙氣泡酒、雪莉酒、橄欖油、巴薩米克醋、Loewe 名牌、Agatha Ruiz de la Prada 護唇膏、Perfumeria Gal 護唇膏等，還有許多皮件製品、巧克力、果醬和藥妝店的保養品也是許多人旅遊西班牙喜歡選購的產品

Info · 台灣駐西班牙代表處辦公室

- 📍 地址：C / Rosario Pino 14-16, Piso 18 Dcha. 28020 Madrid, España（Spain）
- 📞 電話：(+34)-91-5718426
- 📞 緊急聯絡電話：(+34)-63-938-4883，也可請台灣親友撥打外交部緊急聯絡中心之國內免付費「旅外國人緊急服務專線」電話：0800-085-095
- 📞 通話方式：從西班牙打回台灣手機的方式為 00-886 + 手機號碼（去掉最前面的 0），從台灣打電話到西班牙的方式為 002-34 + 手機號碼（去掉最前面的 0）
- ⚠ 重要提醒：在西班牙旅遊期間，倘若遭遇車禍、搶劫等危及生命安全情況，請撥打西班牙警方電話 112

西班牙國定假日

日期	假日名稱	備註
1月1日	元旦 New Year's Day	
1月6日	主顯節	
每年日期不一定	Goog Friday	復活節前的星期五
5月1日	勞工節	
8月15日	聖母升天節	
10月12日	國慶日	
11月1日	萬聖節	
12月6日	憲法日	
12月8日	聖母無原罪日	
12月25日	聖誕節	

一日之計在於晨，
從咖啡開始學西文

若是每天早上都要開口講固定的西班牙文單字，它會逐漸內化成為生活中的一部分，雖然簡單，但是當你開口說，而對方也能聽懂的時候，開心程度絕對不亞於考試得到滿分的喜悅。

▲健康又美味的校內早餐

▲負責提供各式飲料的校內餐廳吧檯

　　馬拉加的 10 月天色總是亮得很晚，到了早上 7、8 點，戶外都還不見什麼光線，微涼的地中海型氣候讓人誤以為是清晨 5、6 點，多數同學都想在宿舍或被窩裡多躺一會，但每天早上的西語課都是準時開始的，宿舍餐廳開門的時間也不算太早，所以大家頂多只有 45 分鐘到 1 個鐘頭左右的時間用餐，偏偏學校餐廳準備的早餐又特別豐富，再加上時差的緣故，這時間又幾乎是大家在台灣的晚餐時間，所以每個人都極盡所能地把餐盤填滿，還要一邊聊著昨晚的趣事，一邊在短時間內吃完 2 盤食物和 2 杯飲料，對我來說其實還蠻挑戰的。

▲校內餐廳於早餐時段提供各式水果

從日常開始的西文練習

　　許多台灣人都有喝溫開水或熱水的習慣，但學校餐廳並沒有飲水機，所以同學們都會拿著保溫瓶到餐廳吧台向服務人員索取熱水，這時候每天早上除了西班牙文的打招呼用語 Hola 和早安 Buenos días 之外，另外一句要學的便是熱開水 Agua caliente 這個單詞了，既然如此，拿到熱開水後，向對方說聲 Gracias 謝謝也就理所當然了。

　　若是每天早上都要開口講這幾個西班牙文單字時，經過 1 週的練習，它就已經內化成為生活中的一部分，雖然只是幾個簡單的西班牙文單字，但是當你開口說，而對方也能聽懂的時

候，開心程度絕對不亞於考試得到滿分的喜悅，尤其這還是年過半百之後，重新學習的另一種全新語言，簡直就是對自己最大的挑戰，但藉由這種人與人之間的小小互動，不但建立了對自己的信心，也挑起了語言學習的熱情與興趣，這些都是意外的收穫。

在餐廳拿取完餐點之後，最後一道程序是開口點杯自己喜愛的飲料，這時候又是練習西文的絕佳時機，台灣同學大都喜愛拿鐵，西班牙文的拿鐵並不是 Latte，而是 Café con leche，意思是加了牛奶的咖啡，奶茶是加了牛奶的茶 Té con leche，黑咖啡則是 Café solo，這些都是我們在西班牙 2 週的遊學期間，慢慢一點一滴學習而來的，除了飲料之外，我們學的最多的還是怎麼在外面點酒和食物了，畢竟這些攸關民生問題，就算老師不教大家也會自學。

◀校內變化多樣的早
餐選擇

美麗的誤會

課程結束後的午後，我與歪嘴雞找了家簡單的小咖啡廳休息，拿起桌上的菜單仔細端詳了下，過了 3 分鐘，驚覺我怎麼突然間看懂了西文菜單，而且幾乎是全部的品項喔！從飲料、三明治到酒類全都看懂了，然而這亢奮的情緒只維持了 1 分鐘，因為當我把這個驚人的消息告訴歪嘴雞之後，歪嘴雞說：「因為你拿到的那份，是英文菜單……」，然後兩人哈哈大笑了好一陣子。

語言的學習的確需要一些天分與興趣，但更重要的無疑是環境，當你必須靠著語言求生的時候，這就是你進步的絕佳時機，雖然語言學校的工作人員與許多同學都會講英文，但在西班牙偏遠地區遇到無法使用英語溝通的機會還是有的，這時候除了比手畫腳之外，當然手機上的翻譯 APP 也是重要的求生工具，但以我急躁的個性，實在無法每次都拿出手機來慢慢處理原本可以直接解決的問題，所以我也會盡量把握機會學習。

儘管密集班只有短短 2 週，卻能感受到每天都在緩慢地進步，一天比一天成長的成就感是令人愉悅的，雖然回到台灣之後很快便都遺忘殆盡，但很多同學卻因著這 2 週的啟發，開啟了他們漫長的西文學習之旅，語言學習其實是刺激腦細胞很棒的方式，也是讓退休生活充實的選項之一，你若也心動，何不選擇一個自己喜歡的語言或國度，讓腦子活化一下呢？

在學校裡也能大口喝酒？

在歐洲，餐廳裡的水經常比酒還貴，這也難怪佐餐時大家習慣來上一杯 CP 值較高的葡萄酒了，只是我在葡萄牙里斯本驚見有人早餐就已經以蛋塔佐酒，這就有點超乎我的想像與理解了。

　　在一般人的印象當中，學校似乎是個約束最多的地方，如果你的年紀超過半百，應該就還記得當年要剪耳下 1 公分的學生頭和穿軍訓服的日子吧！當年就算上了大學，校園內還是隨處可見軍人教官的身影，所以學校讓人和不自由、約束與管教聯想在一起，而年過半百之後，再次入學的感受卻與 30 年前迥異，也可能是歐洲學校尊重人權與信任人性的學風使然。

到西班牙，先喝一杯再說吧

　　在西班牙法定的飲酒年齡是 18 歲，在我們所就讀的語言學校中，雖也有 18 歲以下的學生，但人數最多的，其實是年過半百的歐洲學生們 ，在歐洲飲酒似乎已經成了生活中不可或缺的一部分，所以從我們入住宿舍的那頓晚餐開始，就固定供應酒類飲料，而且提供地點就位於學生餐廳，從啤酒、紅白酒和西班牙水果酒等都一應俱全，每位同學都可以挑選 1 種飲料佐餐，從果汁、水、咖啡到酒類等都可以自由選擇，這點讓我覺得有些訝異！學校不是最喜歡約束大家的地方嗎？提供酒類不是與

▲與各國同學一起參加品酒課

▼校外教學品嘗 tapas 時也不忘來上一杯

教育大家喝酒有礙健康背道而馳嗎？

　　但當你靜下心來思考，會發現對他們而言，喝酒不等於酗酒，也不等於鬧事，酒只是佐餐的飲品，不喝水或果汁時，來上一杯紅白酒其實無傷大雅，更何況在歐洲，餐廳裡的水經常比酒還貴，這也難怪佐餐時大家都會來上一杯 CP 值較高的葡萄酒了，午餐和晚餐各來上一杯並不奇怪，只是我在葡萄牙里斯本驚見有人早餐就已經以蛋塔佐酒，這就有點超乎我的想像與理解了。

　　台灣同學們似乎對中午就開始飲酒這件事情還不太習慣，所以午餐時大家選擇的飲品還是以其他非酒精性飲料為優先，但如果是品酒課或是到市場去吃小點時，大家就不介意大白天來上一杯了。

▲午後與同學在市場裡小酌以及學校用西班牙水果酒歡迎新生報到

以酒會友的旅程

　　杯中物其實是很容易打開話匣子的媒介，以這次的西班牙遊學團為例，原本大家在機場時還是不太熟悉的，但經過一起吃飯喝酒的第 1 天和第 2 天之後，大家一下子變得超級熱絡，連歐洲同學都覺得很驚訝，以為我們是群在台灣認識很久的朋友，一起相約來西班牙遊學，殊不知我們才剛認識 3 天。

　　同學中當然也有不勝酒力或滴酒不沾者，但也有千杯不醉的勇者，因為大家都是成熟的學生了，也不會勉強彼此，所以不管能喝或不能喝的人，在這裡都可以很放鬆和自在，大家彼此尊重也藉酒增進情誼，返台後大家竟然還繼續保持聯繫，且經常有機會相聚，這些都是始料未及的正面結果，藉著喝酒與共同學習的經驗，我們搭起了友誼的橋梁。

　　如果有機會到西班牙 Long Stay，相信你很容易就會養成每天喝上 1、2 杯的習慣，微醺的感覺其實很放鬆也很容易打開心房，所以出門在外喝酒還是要慎選酒伴與注意安全，尤其西班牙有太多美男子與誘惑，不可不小心提防。

　　西班牙除了橄欖油之外，葡萄酒和雪莉酒也是重要的物產之一，所以在超市中很容易買到非常廉價且品質不錯的葡萄酒，可惜行李有限重，加上台灣海關對於酒類攜帶有嚴格規定，不然應該帶個幾打回來餽贈親友，分享我們在西班牙的美好回憶。

瘋狂廚師秀

每次的烹飪課都會各別教一道前菜、主菜與甜點，必須分工合作，但同學們通常也只是模仿老師的動作，然後猜測老師要我們做些什麼，當然也有猜錯的時候，這一切都為烹飪課增添許多樂趣與歡笑，也拉近了與外國同學們的距離。

▲校內舉辦的趣味西班牙烹飪課

西班牙遊學期間，最令人期待的課程有幾項：西班牙烹飪課、品酒課與佛朗明哥舞蹈課。這些課程的進行都被安排在午後，所以上午大家還是得按表操課，在教室中努力與西班牙文建立情感。

烹飪課的時間是安排在中午 12 點開始進行，由只會說西文的廚師老師在上課之前把材料和器材準備就緒，等到同學們就定位後，老師便會用西文解說今天要教學的食譜內容，當然我們是一句也沒聽懂，但煮飯畢竟也不是什麼太難的事情，模仿老師的步驟應該不會出什麼大錯，至少大家在台灣也是煮了幾十年，現在只不過煮的不是中式料理，而是換成西班牙菜罷了！但重點是一定要煮熟才行！

人人皆大廚的西班牙料理課

記得首次的烹飪課就是學習烹調西班牙最著名的西班牙海鮮飯，當大家看到那一口超大平底鍋時都興奮異常，畢竟在台灣還是很少見到這樣的鍋具。

正式開始之前，老師會發廚師帽或圍裙給大家戴上，讓大家感覺上起課來有模有樣，但當大家把廚師帽戴上之後，很多同學就會忍不住一直想拍照，想和老師、和大鍋子、和食材一起入鏡，真的放入心思在學習烹飪的同學反而比較少數，但反觀外國同學們，倒是很認真地學習，可能也是因為他們的西班牙文能力較佳，能聽懂老師的指令，像我們這群，就是完全不

受控制的瘋狂廚師。

　　每次的烹飪課都會教學 3 道西班牙料理，分別為前菜、主菜與甜點，同學們必須分工合作一起切菜、打鬆肉片或攪拌大鍋內的食材，通常也只是模仿老師的動作，然後猜測老師要我們做些什麼行為，當然也有猜錯的時候，這一切都為烹飪課增添許多樂趣與歡笑，也拉近了我們與外國同學們的距離。

　　這堂烹飪課並不是可以邊煮邊吃的，必須要等到 3 道料理全部完成之後，老師還先得與同學們一一合影留念，才可以盛盤分食，這時候往往已經是下午 2、3 點了，對西班牙人來說，這或許是正常的午餐時間，但對我們而言，大家早已經餓到眼花手抖了，好不容易等到可以坐下來吃飯，大家的話變得好少，全部都只專注在享用自己烹調的美食，直到用餐完畢才又開始展現生龍活虎的一面。

意想不到的肉類入菜

　　在缺乏西文單字量的情形下，往往對食譜上的食材也是一知半解，加上沒有實事求是的精神，很可能吃下這輩子從來沒想到要吃下肚的動植物，例如：兔子。

　　西班牙文中的「Paella」，我們習慣翻譯成西班牙海鮮飯，但其實更正確的說法應該是大鍋飯，基本的材料為米、橄欖油和番紅花，再配以各種海鮮或肉類。

　　所以在 Paella 中，可以放入各類自己喜歡的肉類食材，而

兔肉也是西班牙人常吃的食材之一，所以老師為我們準備的Paella中就有「兔子肉」，這個台灣人普遍覺得有點可怕的肉類，但並非每個同學的想法都和我一樣，尤其是外國同學們，他們都勇於嘗試且樂在體驗不同的飲食文化，同團的同學們大膽嘗試的也不少，只是我還是太膽小保守，只好敬謝不敏。

　　我愛這種共學共食的課程，感覺就像一場歡樂的烹飪派對，享用美食之餘，還增進了彼此的合作關係與情感，更棒的是，老師把最繁瑣的事前清洗與事後清潔的工作全做完了，我們就只需享受烹飪過程與美食即可，如果在家裡煮飯也能這麼輕鬆，該有多好？

▼與各國同學分工合作上烹飪課的情形

寶刀未老的
熟齡佛朗明哥舞老師

在此次遊學期間，每週會有 2 次佛朗明哥舞蹈體驗課，老師是位只會講西班牙文
的女性長者，教學內容非常簡單易學，主要是讓同學們體驗節奏與學習一些簡易
的手部與腳部動作，同樂性質大於真正的學習。

　　在台灣可以學習佛朗明哥舞蹈的地方也不少，但一般人可能較無空檔，或甚至沒想到有這樣的課程可以參與，不過凡是到過西班牙旅遊的朋友們，應該至少都會安排一場與佛朗明哥的近距離接觸。佛朗明哥源於西班牙南部的安達盧西亞地區，我們遊學的城市馬拉加即是位於此區。

　　佛朗明哥的形成深受摩爾人和猶太人的影響，還吸收了大量吉普賽人的藝術元素，西班牙政府以此推動旅遊業，使得佛朗明哥舞成了西班牙文化的代表。它是一種即興舞蹈，沒有固定的動作，全靠舞者依當時的情緒與現場形成互動。佛朗明哥藝術中有大量的悲苦和憤怒的情緒宣洩，但當我們對此箇中奧妙尚無法完全領會時，只覺得表演者很苦情，很像剛被人踩到腳或家裡出了什麼不幸的大事。

專業與業餘的轉換自如

　　很幸運地，在此次遊學期間，每週會有 2 次的佛朗明哥舞蹈體驗課，老師是位只會講西班牙文的女性長者，教學內容非常簡單易學，主要是讓同學們體驗節奏與學習一些簡易的手部與腳部動作，同樂性質大於真正的學習，只見大家穿著運動鞋和運動褲前來上課，手忙腳亂地跟著老師比劃度過每次 1 小時的歡樂課程。

◀佛朗明哥舞老師於歡送會上為同學們表演

▲位於海拔平均 750 公尺的西班牙城市龍達

原以為老師就是住在附近的老奶奶，每週受聘 2 小時來學校陪學生玩樂一下，反正年過 50 的我們對自己的要求也不高，能夠不要同手同腳，或能跟上腳步就已經很開心，也不需要什麼特別困難的挑戰，因此 2 週下來與老奶奶老師相處甚歡。

直到要離開學校的前一天，學校安排了專業的舞者前來表演一場佛郎明哥歡送晚宴，我們才驚覺老師原來是如此專業的，眼前這個在台上亢奮激昂且訓練有素的舞者，對比起在教室內刻意地慢動作教學，根本是判若兩人，對老師的印象也一下子從年近 70 的老奶奶搖身一變，成為專業的舞者了。

表演的過程讓同學們非常興奮，就像看著家裡的親人公開演出一樣，歡笑和鼓掌聲在整個表演的過程中不曾中斷，最後還邀請了 3 位同學上台與舞者們即興演出，這讓整個晚會達到最高潮，也讓大家在西班牙的遊學增添上許多可以訴說一輩子的回憶。大家可以掃碼右下方 QR Code 觀賞同學與老師即興表演的影片。

分齡學習的重要性

西班牙與其他地方遊學最大的不同就是活動非常多元，除了烹飪外，就屬佛郎明哥舞蹈課最讓人記憶深刻。年過 50 之後，想學習的新東西很多，但是進步的過程非常緩慢，能有這種具有娛樂性質又沒壓力的課

即興舞蹈表演

程，是很棒的體驗。

坊間雖然有各式各樣的舞蹈課程，但混齡學習對長者來說，會形成一種無形的壓力，因為經過幾次課程練習，年輕的學員們已經對老師教學的內容感到熟悉，而年長者卻還在摸索當中，這也讓年長者容易有挫折感和想打退堂鼓，所以我覺得不止旅遊需要做到分齡分眾，各類的學習也應該做到這樣的分班機制，這樣才能讓長者勇於嘗試和持續地保有學習意願。

我非常贊同國外這種 50+ 的遊學理念，目的就是將 50 歲以上的熟齡者集合在一起學習和參加課外活動，讓年紀相仿與興趣相投的旅人有機會一起學習和成長，在旅遊之餘，還學習到了語言和文化，也不用整日奔波於景點和城市之間，每次只入住 1 個地點或 1 個城市，從這裡盡興盡情地去玩樂與學習。

外國長者的旅遊方式，已經從到處打卡和忙碌不已的行程中昇華，不再愛只與每個著名景點一一合影的旅遊方式，而是著重在旅遊過程中的享受，他們可能會用 2、3 小時享受當地的一頓美食，花上大半天只造訪 1 個酒莊，甚至花個幾十分鐘與陌生人聊天，對熟齡者而言，旅遊不該是趕路趕行程，而是感受當下的美好。身處於這個只是近黃昏的年齡層，我們也該用自己的方式好好去感受旅遊帶來的無限美好，而不是一味地把過去旅遊的方式套加在不同的旅遊國度中。

▲舞者與觀眾超近距離接觸，感受無比震撼

分工合作寫作業

經過幾天震撼教育後，我們終於建立起了默契，就是一下課馬上聚在一起互相討論或抄襲，利用午餐前的半小時到 1 小時左右的時間把作業順利完成，自從建立起這種分工模式之後，對家庭作業這件事情就感到駕輕就熟許多了。

　　每個學校的教學方式和對學生的要求不太一樣，所以家庭作業也不見得每天都有，不過有家庭作業的學校卻讓我有更多回憶，回憶有苦有樂，但都是構成美好人生插曲的一小部分。

　　在我記憶中，教學最為嚴謹的學校，是位於馬拉加的Malaca Instituto語言學校，除了課程扎實外，還天天都有家庭作業，每天中午下課時，總會見到白髮蒼蒼的歐美老先生、老太太們在學校餐廳埋頭苦幹，不是在討論功課便是在寫作業，如果忽視他們臉上的歲月痕跡，真的會誤以為是在準備升學考試的年輕人，認真的學習態度和追求進步的精神讓我由衷佩服，或許台灣也有這樣的長者，只是我不常遇見，這些認真的身影，是我活到老學到老的榜樣。

團結合作力量大

　　2019年底在西班牙時，遊學團的成員們被分到4個班級上課，上課的前幾天，大家都忘了「一雙筷子容易被折斷，一把筷子團結就是力量」的廣告，所以各個都是單兵作戰，單打獨鬥奮力寫作業，幾天下來，造成年過半百的同伴們有點吃不消，聽說還有人寫到半夜1點鐘。

　　經過幾天震撼教育之後，我們終於建立起了默契，就是一下課馬上聚在一起互相討論或抄襲，利用午餐前的半小時到1

◀各國同學埋頭苦幹寫作業

小時左右的時間把作業順利完成，自從建立起這種分工模式之後，對家庭作業這件事情就感到駕輕就熟許多了，原來遊學有旅伴的好處還真不少，除了上課可以互相照應之外，至少不用和家庭作業孤軍奮戰到天明了。

　　曾經和一位年過 70 的德國老先生在校園聊天，問他為什麼每年都來遊學？他說：「語言學習是防止腦力退化的良方」，雖然他按相機快門的手抖得嚇人，但說起西班牙文來可是一點

▲同學們吃飯時間也不忘討論功課

都不含糊,尤其他在課程結束前準備結業考試的認真模樣很值得學習,年過七旬的學習已經不是為了什麼特別的目的,而是為了自己的興趣和成就自己。

在考前,我問他為什麼這麼認真?他說:「我不想讓我的老師失望」,德國人果然真是律己以嚴的民族,不像我總是待己以寬,經常為自己的懶惰找到許多藉口。我的結業考試考了個全班最後 1 名,但是卻是全班進步第 2 多分的,從 1 分進步到 27 分,那次考試滿分成績是 60 分,歪嘴雞在 2 週內竟然從 2 分進步到 40 分,看來語言學習還是得要有點天分才行,不過不試試又怎能知道呢?

活到老學到老的學習精神

對很多第一次接觸西班牙文的半百朋友來說,要一下子弄清楚發音或熟記單字,是考驗舌頭和腦袋協調性很大的挑戰,但對於稍有英語基礎的朋友來說,要弄懂文法好像又沒想像中困難,這也是為什麼結業考試時我們竟然還能得分的原因。

其實經由這些老外學生的身上,我真的看到不同的學習精神與人生觀,雖然華人總愛說:「人生七十才開始」,但真正過了 70 歲還在不斷精進與學習的長者似乎很有限,就拿上網報名這件事情來說好了,很多年過 60 的朋友都得要靠子女或孫子輩幫忙才能報名成功,藉口不外乎是電腦或手機字太小、不會操作和沒有 email 等等。

同樣的事情也應證在上網訂口罩這件事情上面，自從可以上網預購口罩之後，就幾乎很難看到年輕人去藥局排隊買口罩了，雖說老人家或許覺得時間很多，不怕排隊浪費，但時間多，不應該成為阻礙自己進步或與時俱進的藉口，時間多不是更應該拿來學習新事物和成就自己嗎？看到國外的長者活得這麼多姿多采且與年輕人同步，我覺得我們應該一起加油！

▲外國老太太們趁著下課時間各個埋首苦讀

歐洲同學的學習精神令人欽佩

在結業考試的前一天，我們與德國老先生在學校餐廳吃飯，他匆匆忙忙想返回宿舍複習，這點令我有些詫異，我以為大家來此學習都是採用放鬆的態度，但他說了一句話讓我記憶深刻，他說：「我不想讓我的老師失望！」

　　每每提到「海外熟齡遊學」或是 50+ 許多需要動腦的課程，很多人不是搖搖頭，就是提不起勁，年齡和記憶力也許是學習上的阻力與障礙，但當你只為了興趣而努力的時候，即使進步緩慢，你的內心也會充滿喜樂的。尤其當你心無旁騖，一心一意只想過好每一天，不想讓退休後的光陰虛度，那學習無疑是最佳的度日方式。

找回學習的初心

　　過去可能很難想像有人 5、60 歲才開始學習新的語言，但當社大和樂齡大學開始普及時，很多社大都開出了長青英語班與基礎日語班，班上的同學大都年紀相仿，但不見得程度一致，畢竟社大或樂齡大學要做到程度分班是有一定的難度，不過老師們大都耐心十足，把學習的壓力降到最低，且在課程中融入許多歡樂的元素，例如：英語歌唱或電影欣賞等等，如果你對

海外熟齡遊學或自己的能力有所疑慮，那建議可以先從社大或樂齡大學的語言課程嘗試起，試圖先找回自己的興趣與自信心，然後就可以大膽地單飛到海外遊學囉！

一般我們會下意識認為，上學與學習似乎是年輕人的權利，但到了海外參加許多 50+ 的遊學課程之後我才發現，許多老年人幾乎年年造訪同個地點學習語言、休假、深度旅遊與結交各國來的朋友，這對喜新厭舊或是喜歡到處插旗打卡的朋友們來說，無疑是種匪夷所思的旅遊方式，但卻是最適合老年人的舒適旅遊行程。

歐洲人比亞洲國家更早了解到這樣的旅遊與學習結合的方式十分適合長者，所以歐洲擁有最多的 50+ 遊學課程，在英國和西班牙等地都有經營超過半世紀的語言學校，他們規劃適合長者的課程與活動，讓每個來此學習的學員都想要一再回到同個學校去度假。

光看文字敘述或許很難相信，但我們的確看到許多髮蒼蒼視茫茫的歐洲同學和我們處在同個學校一起學習，不過歐洲人由於語言比較類似或相通，所以西文程度遠遠超越我們，和他們共處時，雙方還是以英語為主要溝通語言，但並非每個歐洲人都會說英語，但他們的禮讓、好學精神與樂在生活的態度很值得我們台灣的長者效法。

◀下課時間也不忘拿出手機查字典

熟齡人士學習的目的

　　歐洲人到英國或西班牙等地參與遊學課程的方式大多是隻身前往，或是只找到一個旅伴便結伴同行，跟台灣人喜歡一群人一起參與的情況迥異，或許是歐洲人自小就比較獨立和自信，認為自己可以應付任何突發狀況，也或許是喜歡這樣獨處的旅遊方式，覺得可以得到更多的放鬆，不論如何，他們到了學校之後也很容易結交到新朋友，展開一場屬於自己充滿樂趣的學習之旅。

▼同學上課前仍努力複習昨日所學

　　此次在西班牙遇上的歐洲同學中，年紀最大的應該是 78 歲的德國老太太和位擁有博士學位但按相機快門會手抖的老先生，猜測老先生應該也是年近 80 左右了吧！他們除了每天下午和我們一起參與課後活動之外，早上他們也是有屬於自己的西文課，而且 2 位的西文程度都不低，但可惜老太太不會講英文，所以我們無法與她更進一步的認識，不過博士老先生倒是很愛與台灣同學閒聊，所以我們從他身上也知道了更多關於他們學習語言的想法與態度。

　　老先生覺得學習語言是刺激腦部非常好的活動，可以活化腦細胞，所以幾乎每年都來西班牙待上幾週學習，儘管他流利的西文已經不需要太多學習了，但還是會努力做完老師交代的作業，尤其在結業考試的前一天，我們與他在學校餐廳吃飯，他匆匆忙忙想返回宿舍複習，這點令我有些詫異，我以為大家來此學習都是採用放鬆的態度，但老先生說了一句話讓我記憶深刻，他說：「我不想讓我的老師失望！」這可能也是德國的民族性使然，凡事要求精準與精確，不像我老想著過關就好，很少為難自己。

　　其實老先生也不是特例，每次午餐前總見到許多歐洲老太太們聚在一起寫功課或討論功課，他們學習的精神很令人感佩，不像我們聚在一起寫功課是為了抄襲別人努力的成果，而且我們還比他們年輕 1、20 歲，實在有些汗顏。

西班牙熟齡遊學 Q&A

Q1 熟齡遊學是不用天天搬行李的深度旅遊嗎？

　　是的，不管選擇的遊學地區是哪裡，熟齡遊學的參與者都是需要在同個地點居住至少 1 週以上的時間，在此期間不僅不需要天天打包行李換飯店，也能針對小區域做更深入或不同於旅行團的旅遊方式，除了旅遊的體驗不同之外，還能接觸更多的當地人和當地文化，吃很多在地的食物和感受當地人的生活方式，這些都是跟團旅遊所缺少的元素，遊學就是 Long Stay、學習、旅遊與體驗的綜合體。

Q2 不會西班牙文能不能去遊學？

　　這題的答案可以先參考英國熟齡遊學 Q&A 的篇章，裡面有類似的問題與答案，但針對大家比較不熟悉的西班牙文，其實零基礎者還是有解套方案。

◆出國遊學前先參加短期補習，讓自己至少學會基本西文發音和簡單字彙。

◆參加一般課程而非 50+ 的西班牙遊學課程，此類混齡課程能提供零基礎者較適合的班級，在挑選學校時盡量挑選能針對零基礎者開課的學校。

◆ 選擇有英語工作人員駐校服務的學校，若發生問題時可以尋求幫助。

◆ 跟隨國內熟齡遊學團前往西班牙遊學，除了有領隊和同學可以互相照顧之外，遊學團也會針對團員的程度請語言學校客製適合程度的西班牙語課程。

◆ 挑選提供 1 對 1 課程的語言學校也是熟齡者的另一個選項。

Q3 課業壓力會不會很大？

課業壓力或多或少有一些，但至於壓力是否很大就取決於個人的個性和心態了，有人可以為了完成作業寫到半夜 1 點鐘，也有人是無可救藥的樂觀主義者，老是等著抄別人的作業，但因為彼此之間不像學生時代有著一定的競爭關係，所以熟齡的同學們都很樂於分享和彼此討論，也樂於一起完成作業。況且上課只是遊學活動中的一部分，旅遊、交朋友、享受生活、體驗文化和嘗試做個當地人才是許多人參加熟齡遊學的真正目的，參與這些課後活動可沒什麼壓不壓力的問題。

Q4 我想參加會不會太老？

同學都是 50 歲以上的各國熟齡者，並沒有年齡上限的問題，所以經常看到 7、80 歲的長者單獨報名並隻身前往學校報到，只要你的心態保持年輕並喜歡學習、旅行和想嘗試新的旅遊方式，你就永遠不嫌老，而且學習也是抗老化和刺激腦部的良方。

Q5 西班牙遊學一個月大概要準備多少費用？

　　這個和選擇的地區、學校和對食宿條件的要求等有密切關係，我以之前的西班牙馬拉加經驗為例將費用拆解如下：

支出項目	花費金額（歐元）	備註
學費	1500	含上課及課後活動費用
住宿費	1000	以簡易型飯店等級的宿舍單人房（含衛浴）計價
伙食費	1000	含上課期間校內或外食早午晚三餐、咖啡、茶或酒及假日出遊餐費
交通費	200	含往返市區交通費和近郊旅遊交通費
鄰近機場往返學校的私人接送費	200	若機場距離所就讀學校車程超過 2 小時者，建議自行搭乘火車或巴士，以節省支出
其餘開支	600	含假日旅遊、書籍、註冊、保險費等

以上費用合計為 4,500 歐元，以 2021 年 7 月匯率 33.52 計算約合台幣 15 萬元（不含往返西班牙機票費用），但若選擇遊學的地區為巴塞隆納、馬德里或其他物價較高的地區，費用可能增加 30% ～ 50%。

紐西蘭

第四章

地廣人稀的紐西蘭，澄澈的藍天、翠綠的草地，
以及與台灣截然不同的價值觀和生活習慣，
不僅開闊了視野，也同時打開我們的眼界！
就算踏入熟齡階段，仍隨時對這個世界充滿好奇與熱愛！

紐西蘭
熟齡遊學小貼士

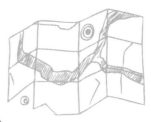

紐西蘭語言學校的挑選

◆嚴格說起來，紐西蘭幾乎沒有特別為 50 歲以上學生設置的語言課程，一般多為程度分班混齡上課，建議挑選稍具規模且被 NZQA 認證的語言學校，另外也可直接到大學所附設的語言學校就讀，NZQA 網址：https://www.nzqa.govt.nz/

◆建議選擇中大型語言學校，確保設施不會過於簡陋，分班也能比較符合程度。

◆選擇有能力提供多國學生一起上課的學校，這樣才能更有機會練習口說與了解不同文化。

◆建議選擇具有一定歷史的語言學校，每班上課人數不要超過 15 人以確保教學品質，但班上人數若能落在 8 ～ 10 人左右，更能提供良好的師生互動。

◆選擇可以提供多元住宿方式的語言學校，因為有些 50+ 的朋友不太習慣住寄宿家庭，可以選擇學生宿舍、簡易公寓或飯店。

◆此外學費、住宿費和生活費也是另一個需要考量的重點，學

費和住宿費可透過學校網站或與學校往來的 email 得知，另外也可以在台灣請遊學代辦中心查詢。

適合的地點、季節與天數

◆選擇中型以上城市且富有觀光資源的地方當作熟齡遊學地點，建議避開太小或太偏遠的地點，以免生活上的諸多不便。

◆選擇交通方便的中型以上城市，避免上下學等車時間過長或聯外交通不便。

◆選擇生活機能良好的中大型城市，方便日常採購與課後活動安排。

◆紐西蘭地處南半球，所以夏季是在 12 月～ 2 月期間，這段時間是西方人的聖誕節和元旦假期，也會遇上華人世界的農曆新年假期和學校的寒假，所以不管是機票、住宿和學校都會呈現比較高的需求，建議避開這段旺季期間前往紐西蘭遊學，可以考慮在紐西蘭的春末 11 月或初秋 3 月前往遊學。

◆紐西蘭的冬天非常寒冷，高山和南島也經常會下雪，影響登山健行的安排也增加開車的危險性，很多餐廳和活動也會不營業或縮短營業時間，如果你喜歡雪景或是滑雪愛好者，或許可以考慮，但一般人應該視身體狀況和課後行程安排來挑選適合的季節前往。

◆課程一般都以 2 週為基本申請單位，原則上每週一可入學，也有學校接受只就讀 1 週的申請，但並不建議如此做，因為

申請費用等與長期就讀的學生支付相同成本，另外也有學校只允許 4 週以上的申請。

◆建議城市：皇后鎮、基督城、威靈頓或旦尼丁等。

行前準備

◆一般學校課程有最低語言程度要求，所以可以在出發前稍微補習一下，把失去的英文能力找回來，但也有學校願意接受幾乎零基礎的學生參加，出發前可詳加打聽。

◆行李不宜攜帶過多，如果需要自己從機場到寄宿家庭報到難免舟車勞頓，太多行李會導致行動不便，建議請學校代為安排機場接機，然後直接送抵宿舍或寄宿家庭。

◆衣服建議攜帶洋蔥式，以 7 天為 1 次換洗單位攜帶，寄宿家庭可以洗衣服所以不用攜帶過多衣服前往，但紐西蘭即使是夏季也需要用上外套，所以千萬別忘了攜帶。

◆一般寄宿家庭會提供浴巾供學生使用，若習慣使用自己的也可以自行攜帶。

◆建議為住宿家庭、老師或同學準備一些小禮物。

◆紐西蘭申報攜帶物品與檢疫規定非常嚴格，紐西蘭對於旅客攜帶進口之各項物品，尤其草藥、傳統藥品、肉類製品、種子與植物、水果、蜂蜜等均有嚴格規定，違規者可被當場處以紐幣 400 元之高額罰金。入境旅客應丟棄任何可能有問題的物品至機場提供的檢疫箱，且誠實申報所攜帶物品，切勿存僥倖心理。

紐西蘭基本資料

紐西蘭首都	威靈頓
官方語言	英語、毛利語、紐西蘭手語
人口	500 萬人（全世界第 122 名）
面積	27 萬平方公里（全世界第 75 名）
時差	紐西蘭夏令時間（10 月～ 3 月）比台灣時間快 5 小時，冬令時間比台灣時間快 4 小時
電壓	紐西蘭使用的電壓為 230V ／ 240V，使用八字型扁腳插座
簽證	適用免簽證入境紐西蘭之 60 個國家（包括臺灣）之國民，自 2019 年 10 月 1 日起，需在入境前先付費申請「電子旅行授權」（Electronic Travel Authority，簡稱 NZeTA），入境後最長停留期間為 90 天，若計劃至紐西蘭就讀超過 90 天以上者，均需先辦妥學生簽證（唯目前尚處疫情期間，除紐西蘭公民和居民外，紐西蘭邊境仍然對所有人關閉，出發前請再次與紐西蘭商工辦事處確認）
航班及飛行相關資訊	**不需轉機**：疫情前有紐西蘭航空、長榮提供直飛奧克蘭航班，飛行時間約為 11 個小時，但目前僅有華航提供直飛載客 **需轉機**：可選擇的轉機航班如下： ◎轉機 1 次飛往奧克蘭 ・華航和澳洲航空於澳洲布里斯本、雪梨或墨爾本轉機 ・國泰航空於香港轉機 ・新加坡航空於新加坡轉機 ◎轉機 1 次飛往皇后鎮 ・華航和澳洲航空於雪梨或布里斯本轉機 ・長榮航空和紐西蘭航空於奧克蘭轉機

航班及飛行 相關資訊	◎轉機 1 次飛往基督城 ・紐西蘭航空於奧克蘭轉機 ・長榮航空於奧克蘭或布里斯本轉機 ・華航於雪梨或布里斯本轉機 ・新加坡航空於新加坡轉機 ・澳洲航空於雪梨或布里斯本轉機
	◎轉機 1 次飛往威靈頓 ・紐西蘭航空和長榮航空於奧克蘭轉機 ・澳洲航空和華航於雪梨轉機
	◎轉機 1 次飛往旦尼丁 普遍存在回程轉機時間過長的問題，建議可以從第 三地返回台灣或回程轉機 2 次，若選擇第三地返 台可參考皇后鎮或基督城航班 ： ・紐西蘭航空在奧克蘭轉機 ・長榮航空在奧克蘭轉機

本書相關資訊為當下查詢，實際資訊建議臨行前以最新公告為主。

日常生活

手機網路 SIM 卡	目前有 Spark、Vodafone、2degrees 和 Skinny 等幾家電信商比較知名，詳細費用和使用方式可到以下網站查詢：www.spark.co.nz、www.vodafone.co.nz、www.2degrees.nz、www.skinny.co.nz
貨幣	紐西蘭使用的貨幣為紐西蘭元，紙鈔面額分為 5、10、20、50 和 100 紐西蘭元，硬幣分為：10 分、20 分、50 分、1 元和 2 元
開車	在紐西蘭租車需準備國際駕照與台灣駕照，紐西蘭駕駛方向與台灣不同，需更加小心
紐西蘭伴手禮	蜂蜜系列、Whittaker's 巧克力、Cookie Time 巧克力餅乾、綿羊油、火山泥面膜和葡萄酒等

Info・駐紐西蘭臺北經濟文化代表處

- 📍 地址：Level 23, 100 Willis Street, Majestic Centre, Wellington, New Zealand
- 📞 電話：(+64) 4-4736474
- 🕐 緊急聯絡電話：(+64) 27-449-5300，也可直撥 00- 800-0885-0885，為外交部設置「旅外國人急難救助全球免付費專線」，在紐西蘭市內電話或 Spark、Vodafone、CallPlus 和 2degrees 手機皆可撥打。
- 📞 通話方式：從紐西蘭打回台灣手機的方式為 00-886 + 手機號碼 (去掉最前面的 0)，從台灣打電話到紐西蘭的方式為 002-64 + 手機號碼 (去掉最前面的 0)
- ⚠ 重要提醒：在紐西蘭旅遊期間，倘若遭遇車禍等危及生命安全情況，請撥打紐西蘭警方 111 緊急專線求救，105 則是非緊急求助電話

紐西蘭國定假日

日期	假日名稱	備註
1 月 1 日	元旦 New Year's Day	
1 月 2 日	元旦隔日	
2 月 6 日	懷唐伊日	
每年日期不一定	Good Friday	復活節前的星期五
每年日期不一定	Easter Monday	復活節後的星期一
4 月 25 日	紐澳軍團日	
每年日期不一定	女王生日	6 月的第 1 個星期一
每年日期不一定	勞動節	10 月的第 4 個星期一
12 月 25 日	聖誕節	
12 月 26 日	拆禮物節	

紐西蘭的盥洗標準和生活習慣

歐美很多地方都非常乾燥，所以並不習慣天天更換外出的衣物，當她見到我們兩個人拿出一堆衣物要清洗時，她的表情有點讓我感到不好意思……

▲住宿家庭裡若有可愛的小成員們也是大加分

　　洗戰鬥澡應該是當兵的年輕人或是當年參加戰鬥營的學生才會遇上的狀況吧！但沒想到紐西蘭語言學校於校內文宣上便明文規定，投宿寄宿家庭者，每天沖澡只限 3 分鐘，這項規定引起大家的一片譁然，實際上很多寄宿家庭並未明確規範，若有限制，大都是約 5 ～ 10 分鐘的洗澡時間，不過說實話，對生長於水電異常便宜的台灣學生而言，這無疑是個很大的挑戰。

　　以我自己為例，我幾乎天天洗頭，而且很多時候，都是使用洗髮精連清洗 2 次，洗澡時磨磨蹭蹭的，不在浴室中待上個 20 ～ 30 分鐘是出不來的。但對男性而言，就算天天洗頭加上洗澡也用不了 10 分鐘，所以規定沖澡 5 分鐘對他們而言或許也不至於太過苛刻。

用水規範背後的原因

　　當要討論這樣的規定是否過於不合理的同時，應該將紐西蘭的水電費用納入考慮，其實紐西蘭並不缺水，但是奧克蘭的水費竟然比中東地區某些國家更貴，在 2017 年的一份國際城市水費比較表中顯示，台北市的水費在全世界中排名第 3 低廉，而全世界水費最低的城市則是米蘭。

　　洗澡是個需要大量用水的日常活動，所以在水費高昂的國家，習慣省水也就不足為奇了，但對台灣而言，水資源好像取之不盡用之不竭，就算很多政治人物整天喊著要省水，但由於水費太過便宜，好像大家並不當作一回事，除非實施限水，大

家才會特別珍惜水資源。

　　洗澡除了水之外，還需要用到電或瓦斯來加熱，以及洗完澡的廢水也需要處理費，當把這些費用加總起來之後，許多住宿家庭可能覺得需要適度規範一下寄宿的學生們，不然原先想要利用接待學生來貼補家用的用意，可能反倒成了倒貼的行為了。不過一般的寄宿家庭規定沖澡時間約在 5 ～ 10 分鐘左右，並不是學校說的不可思議的 3 分鐘。

　　我的寄宿家庭雖然沒有白紙黑字或約法三章的規定，但明白了這些水電開銷的顧慮後，我也主動縮短了洗澡的時間，從原本的 20 分鐘縮短到 10 或 15 分鐘，雖然看起來還是不合格，卻也已經盡了最大努力，希望不要對寄宿家庭造成太大的負擔，也避免他們對台灣人留有浪費資源的不良印象。

溝通，是打破距離最好的方法

　　這也讓我回想起了在英國時，寄宿家庭的老奶奶對我們天天更換衣物的行為感到不解，因為歐美很多地方都非常乾燥，其實不太容易出油、出汗，衣物也不太容易有汙垢或汗漬，所以並不習慣天天更換外出的衣物，每週需要清洗的衣物也不太多，當她見到我們兩個人拿出一堆衣物要清洗時，她的表情有點讓我感到不好意思，但當彼此把這些不同的生活習慣加以理解和溝通時，就也能相安無事，好好相處了。

　　很多熟齡者對住在國外寄宿家庭有些抗拒或害怕，除了語

言的問題之外，也可能是會感到不自在，或是害怕生活習慣不同而互相干擾，畢竟大家都已年過半百，在自己的國家有著習慣的生活空間，一下子要「寄人籬下」難免有些需要克服的心理因素。

但千萬不要因為年紀而失去嘗試的勇氣，因為這可是深入

▲與小朋友在餐桌互動是學習英語的最佳方式

了解一個民族與外國文化最好的機會，你也可能就此認識可以聯絡一輩子的外國朋友，鼓勵大家不要自我設限，嘗試把自己歸零，好好體驗不一樣的旅遊方式與感受。

很多寄宿家庭或許是為了貼補家用才願意接待外國學生，但也有不少是抱持著豐富生命與結交朋友的心態在經營的，像我們在紐西蘭的寄宿家庭，或許他們有經濟的需求，但是家中小朋友的熱情與友善，卻是很難用金錢來衡量的意外收穫，他們一家人在生活中是那麼充滿愛與自在，遇事從不緊張或害怕，這是在台灣緊張生活中很難理解的怡然自得，若有機會投宿於紐西蘭的寄宿家庭，相信你會觀察到我說的輕鬆自在，而這些東西其實跟金錢或地位並沒太大關係。

老外其實很節儉

除了節省水電和不外食之外，周遭人士的穿著也都非常簡單，路上也能見到老到不能再老的車子還在行駛。

　　一般人印象中的外國人，可能是西裝筆挺來台灣出差的白領階級，或是揮金如土在東南亞旅遊的觀光客，這些人可能出入豪華大飯店和高檔餐廳，不過這只是一小部分我們所看見的外國人，另外有很大一部分普通的外國人，其實過著很樸實無華的生活，就跟你我或周遭的朋友一樣，必須為生活而努力。

　　以過往搭乘郵輪的經驗而言，老外度假時真的非常忘我地在享受生活，沒特別在計算花費或成本的，他們可以天天在郵輪上購買昂貴的付費飲料，或是參加價格不太合理的岸上觀光，但隱藏的代價可能是某部分人回家之後要面對巨額的信用卡帳單，但通常人們看到的卻只是前半部分，就誤以為老外各個都是富豪了。

節儉，從日常生活開始

　　以我們幾次入住寄宿家庭的經驗而言，入住的房子看起來都很漂亮，有些家庭也開著不錯的房車，甚至擁有露營車，家

▲紐西蘭的新鮮食材很平價，龍蝦只要紐幣 35 元

▼紐西蘭住宿家庭餐桌上常見的各式麵包

▲紐西蘭超市裡各式平價的新鮮水果

裡的電器感覺也挺入流，但從一些小地方卻可以知道，他們生活並不見得比台灣人闊綽。

　　節省使用水電只是其一，可能是基於環保或其他理由使他們這麼做。另外也可以觀察一下他們所使用的手機，可能都不是你我熟悉的進階版或旗艦機種，外食也不像台灣這麼頻繁，當我們誤以為紐西蘭皇后鎮的消費很高時，卻在超市發現，本地的新鮮食材其實非常便宜。

　　紐西蘭的食材有多便宜呢？以皇后鎮這個眾所周知的高消費觀光城市而言，1 隻龍蝦只要 35 紐幣，大概台幣 700 塊，我們在郊區超市買了 1 大盒甜桃和 1 袋小蘋果都只要 6 塊多紐幣，

▲紐西蘭也可以買到各類平價新鮮魚貨

好喝的灰皮諾白葡萄酒也只要 9 塊紐幣，3 樣東西加起來只要
台幣 400 多元，水果份量便足夠 2 個人吃上 3、5 天了。

　　由於外食與食材成本的差異很大，所以造就了紐西蘭人習
慣自己下廚和在家用餐，有些家庭可能是上班族，所以吃的也
不講究。我們的寄宿家庭有 3 個小孩，幾乎每天下午 5 點準時
開飯，我們也都盡量準時與他們一起用餐。

神祕的煮飯方式

　　寄宿家庭的女主人整天要忙著打理 3 個小孩的一切，但她
從來不曾惡言相向或是顯露出不耐煩，準備晚餐的姿態也很從

▲住宿家庭女主人從自家後院採摘的美味沙拉

容不迫，不像台灣的媽媽，一進廚房就像在打仗，非得跟鍋碗
瓢盆拚個你死我活不可，老外習慣用烤箱和微波爐做菜，也很
少大火熱炒，所以廚房容易保持乾淨，也不會發出太大聲響。

　　有幾次我還特別觀察了廚房的動靜，分明是靜悄悄的，但
是開飯時間一到，馬上就有熱食上桌，這也是很神奇的事情，
值得台灣太太們好好效法和學習，這樣做飯不僅輕鬆，廚房收
拾起來一點也不費勁。

　　除了節省水電和不外食之外，紐西蘭人感覺還很珍惜物資，
經常看到學校老師或寄宿家庭成員穿著非常簡單，路上也能見
到老到不能再老的車子還在行駛，在學校或在外面活動時，經

▲遠眺庫克雪山

常看到他們所提供的咖啡竟然是即溶咖啡粉，我想台灣應該很多人已經很久沒使用即溶咖啡粉了吧！至少我就好多年未曾買過了，但在紐西蘭卻隨處可見，而不是我們所熟悉的義式或美式咖啡機，這點有點顛覆我對先進國家的印象。

紐西蘭的人均所得約4萬美金，比起台灣高出了1萬多美金，但是消費力卻和台灣有著不小差異，在紐西蘭居住可以享受免費且大量的好山好水和新鮮空氣，但家庭瑣事卻要事必躬親，反觀台灣我們可以自由自在消費喜歡的物品，但卻少了好品質的居住環境和空氣，如果兩國可以交換平衡一下該有多美好？

從紐西蘭遊學回來已經超過1年，還是很想念那裡的新鮮物產和美好生活環境，紐西蘭是個會讓人想一去再去的美麗國度，如果想在紐西蘭玩得便宜盡興，那就跟著紐西蘭人一起下廚、一起去走免費步道和欣賞湖光山色就對了。

◀與住宿家庭一起 DIY 晚餐

從日常生活開始學英語

所謂從日常生活中開始學英語，就是從起床開始與寄宿家庭的互動，然後到等公車時與行人或司機的對話開始。

　　以往大家學習英文的習慣應該都是坐在教室裡或書桌前，打開書本從單字開始學習，不過這個年代，應該已經沒有人會用背字典的方式學習英文了，隨著多媒體與網路的進步，大家學習語言的方式愈來愈多元，也不見得一定得坐下來才能學習，很多人利用瑣碎的等車或搭車時間也能學上幾句，其實只要有心，隨時隨地都可以學習的。

逛超市，學英語

　　英國老師教授語言的方法，除了到公園與路人互動之外，也帶大家去賽狗場參與賭狗，課堂上也會做一點小遊戲練習英語，但紐西蘭老師的方式就更直接也更生活化了，一夥人直接出發去逛大街，一進超市，從招牌到裡面的陳設商品都一一講解，不僅示範秤重與計價的方式，還會介紹同學們紐西蘭好吃的巧克力和農特產品，最後在收銀檯結帳的同時，也教大家怎麼和收銀員對話，是一堂非常實用又有趣的戶外課，當然，同

學們也抓住機會，在上課之餘趁機大買特買。

　　時間許可的狀況之下，老師還會介紹皇后鎮上著名的咖啡廳給大家，老師也會提及當然不能錯過的 Flat White 咖啡（馥列白），不過嘗試了幾次 Flat White 之後我還是偏愛拿鐵。

　　Flat White 是一種流行於紐澳地區，以義式濃縮咖啡為基底的咖啡，與拿鐵、卡布奇諾有些相似，區別在於 Flat White 的奶泡比較少，液狀牛奶的比例較高，品嘗時奶味濃郁，口感比拿鐵更順滑，雖然不是我的菜，但經過老師的推薦和說明之後，很多同學從此愛上了 Flat White，所以每次經過咖啡廳都會來上一杯這種紐澳流行的義式咖啡，也算是融入在地生活的一種方式。

　　除了上超市和咖啡廳學習日常相關英文之外，戶外教學的地點也延伸到了皇后鎮的公園（Queenstown Gardens），它是個大型且免費的多功能公園，除了美麗的風景之外，還有很多

▲下課後與同學到超市採購食材與蔬果

▲走出教室走進大自然的學習方式

動植物可以認識，老師的英語教學從樹幹、樹皮、樹葉、花瓣、花蕊講到果實，又從水中鳥類的鳥喙、羽毛、鳥爪講到候鳥每年的遷徙，是一堂很有趣的英語生物課。

每個遇見的對象都是學習語言的老師

其實從生活中學習英語，會比拿出課本背單字和研究文法有趣且實用許多，尤其是練習口說，更是需要走出教室，住在寄宿家庭的同學有個優勢，就是可以和家庭內的成員練習對話，尤其是紐西蘭寄宿家庭的成員年齡都偏低，經常有機會碰上家有學齡前兒童或是小學生的寄宿家庭。

▲老師帶領大家校外教學認識紐西蘭特殊植物

　　我猜想大家一定不太喜歡和有小朋友的寄宿家庭一起生活，但是如果嘗試過，相信會顛覆你對小孩子總是吵吵鬧鬧的看法，至少我們在紐西蘭的生活經驗是如此，很多學員也反應紐西蘭的小孩家教非常成功，在一起生活，除了可以觀察紐西蘭小孩為什麼不吵吵鬧鬧之外，最棒的一點是，孩子可以當你的英語小老師，能夠每天不厭其煩地一起練習對話，尤其是面對只有5歲左右的小孩，他們的英語能力已經沒有太大問題，所以可以每天暢所欲言地聊天，但是根據我們的經驗，3歲左右可能口齒還是不夠清晰，所以對聽力而言，反而會是比較大的挑戰。

　　所謂從日常生活中開始學英語，就是從起床開始與寄宿家

▲處處都可以是語言教室

庭的互動，然後到等公車時與行人或司機的對話開始。

　　課後買杯飲料或到超市購物，都是在學習，問路或到餐廳點餐也是學習的方式，回家後與寄宿家庭分享今天的所見所聞更是練習英語的大好機會，其實學習的機會無所不在，只要你願意敞開心胸，願意不恥下問，願意心態調整好，不見得一定得去報名上課才叫學習，撥個時間到海外住上一段日子，好好與人互動就能達到學習的效果，尤其從生活中學習而來的，通常比較實用也不容易忘記。

想找好餐館，問老師或住宿家庭就對了

最好的美食顧問不應該只是網路，而是生活在當地的房東、老師和同學，甚至是路上遇到的每個人們。

　　相信大家都有很多在國內外尋覓美食的經驗，每到一個陌生的地方，都習慣打開手機或電腦搜尋網路上的推薦或是部落客文章，不過每個觀光客的口味與消費習慣不同，即使是大受好評的餐廳也不見得符合你的口味，所以後來旅行時，我都喜歡詢問民宿主人，由他們來推薦屬於本地人喜愛的美食餐廳。

　　以前旅行時，也難免會到星巴克或是麥當勞用餐，但經過英國一位深愛旅行的老師指點之後，後來旅行，我就幾乎不再造訪這些家裡隔壁就有的連鎖餐廳了，這位英國老師說：「旅行除了看風景之外，不外乎是體驗不同的文化，飲食也是文化的一環，既然出了國門就應該好好體驗當地的飲食文化，而不是吃一些在自己國家就能輕易找到的食物……」，我認為她說的很有道理，也影響了之後旅行時的餐飲選擇。

最道地的當地美食怎麼找

　　國外遊學通常都會在固定一個城市居住超過 1、2 週左右的時間，假若只靠網路的分享，只能到觀光客習慣去的地方覓食，但如果能問到在當地長期生活的老師或住宿家庭的主人，相信他們都能推薦很多物美價廉且觀光客不多的餐廳，因為這些在地人是天天居住於此，不會老是去米其林或是昂貴的餐廳用餐，他們熟稔的是許多實在經營的老店或是道地口味，透過在地人

◀皇后鎮當地著名的餅乾飲料店「Cookie Time」

介紹，你可以更融入當地的庶民生活，體驗到與觀光客不同的旅行經驗。

　　此次在紐西蘭還學習到了一個好用的網站叫「First Table」（https://www.firsttable.co.nz/），只要提前幾天上網搶到預約，預繳訂桌費 10 紐幣，用餐當天餐費便可以直接打 5 折，每次預約最多只能訂 4 個位子，意思就是用 10 紐幣的費用可以換來 4 個人的 5 折餐費，是不是很划算呢？

　　這個也是到了當地聽老師和同學們分享才知道的優惠，上次由於知道這個網站的時間太晚，所以沒太多機會使用，將來如果你有機會到紐西蘭旅遊，不妨試試這個好用的網站。

　　紐西蘭皇后鎮的美食不少，主要是因為觀光客眾多，每年都吸引超過 200 萬的觀光客造訪，所以走在路上，所到之處都是各式各樣的餐廳，若無人指點，真的很難選擇！但也由於是

▲皇后鎮著名的 BBQ 與社區附近的庶民早午餐

觀光小鎮的緣故，各式消費包括餐廳價格並不會太便宜，不過還算物有所值。

皇后鎮除了眾所周知的美味漢堡 Fergburger 之外，也不能錯過他們的牛、羊排和烤肉，另外有個有趣的商店叫 Cookie Time，會在早上 8:00 ～ 9:00 販賣 5 折的咖啡，這些資訊都是透過與外國同學的交流才得知的，最好的美食顧問不應該只是網路，而是生活在當地的房東、老師和同學，甚至是路上遇到

▲皇后鎮美味的各式料理

的每個人們，相信他們每個人都有屬於自己的美食名單。

　　若有機會出國，建議嘗試利用這樣的方式來找到非觀光客口袋名單的美食，食物是構成一趟完美旅程中不可或缺的一部分，也經常是旅途中的主要記憶，即使時光流逝，但留在心中的美味與氛圍卻經常出現在夢中，有時候甚至會發現，人們吃的並不是真正的美味，而只是一份留存於心中永遠的記憶。

▲皇后鎮海鮮餐廳裡的義大利麵與超值海鮮拼盤

住宿家庭裡的可愛成員

由衷敬佩女主人，每日準備 7 個人的晚餐，白天還得 1 個人照顧 3 個小小孩，晚上竟然還有閒情逸致和男主人聊天或喝杯小酒，真的是我所見過最從容不迫的媽媽。

紐西蘭皇后鎮的寄宿家庭有個比較特別的現象，就是大多數家庭都擁有寵物和小孩，這點和英國經營住宿家庭者都是年長的老太太們很不一樣，一開始時我也有點擔心和排斥，擔心寵物亂舔亂叫，也擔心小朋友哭鬧讓人不得安寧，但礙於選擇有限的狀況下，便懷著忐忑不安的心情上路了。

我的家庭溫馨又可愛

根據提供給我們的行前資料，寄宿家庭除了 2 位小女孩，還養了 1 條寵物狗，當實際踏入後才驚覺，他們半年前又生了 1 名小男嬰和領養了 1 隻貓，所以資料還來不及更新，加上我們入住，將有 4 個大人、3 個小孩和 2 隻寵物生活在這間獨棟的大房子裡，感覺女主人將會非常忙碌，而我和歪嘴雞也預期生活中應該會充滿噪音，包括小孩的哭鬧聲、狗吠聲和媽媽歇斯底里的吼叫聲，但這一切竟然都沒有在入住的 2 週內發生，真的是有些神奇。

首先是黑色的大狗，牠幾乎不曾吠過，和小朋友們相處融洽，性格也很溫馴，白天由男主人帶去消防局上班，晚上才會回到住家，是一隻異常冷靜且友善的大狗，也曾一度誤以為牠是啞巴，但經過向女主人求證，證明牠發聲功能是正常的，而後來我們也發現，紐西蘭的狗似乎不太會亂吠，這點很奇妙。

　　至於黑貓就更神奇了，不養寵物的我，其實對動物有些害怕，尤其是黑色的貓感覺太過神祕，但這隻貓只會在吃早餐時出現一下，接著就整天不見蹤影，所以牠的存在似乎沒有產生任何影響。

　　至於家裡 2 位可人的小姊妹，分別是 5 歲和 3 歲的金髮洋娃娃，5 歲的小姊姊每天都會依偎在大人身邊和大人擁抱，對於陌生人也一點都不怕生，在她們眼裡，也沒有什麼膚色種族的問題，從第一次見面就很大方地和我們擁抱，倒是我們有點被女孩們的熱情嚇一跳，也對她們的大方和親切印象深刻。

　　從此之後，天天早晨的擁抱和回家後熱情的迎接便成了在紐西蘭生活的日常，我很好奇，究竟是什麼樣的教育與生活環境可以教出這麼令人喜愛的姊妹花？這點在我離開紐西蘭之前，仍沒有找到適合的答案，但和同學們討論之後發現，似乎紐西蘭的小孩很多都是這麼親切、懂事與守規矩，所以入住擁有小孩的寄宿家庭反而成了加分，而非扣分。

▲紐西蘭住宿家庭裡不曾吠過的大黑狗

▼紐西蘭小朋友不玩手機，玩拼圖當娛樂

與孩子們的相處日常

　　住宿家庭裡 5 歲的小姊姊也愛與人聊天，每天在餐桌上我們都會閒話家常，問問彼此在學校裡發生的事情，和 5 歲的小朋友用英語溝通起來問題不大也充滿樂趣，但是和 3 歲的小朋友聊天就顯得有點困難了，主要是 3 歲的小孩口齒比較不清，表達也比較不完整，每次都要 5 歲的姊姊加以解釋一番之後，

我們才能順利了解彼此，3歲小女孩的脾氣也比較拗一些，但是也很少見到她無理取鬧，在台灣應該都可以得乖寶寶獎了。

至於家裡最小的6個月大嬰兒，似乎是大家的寵物，父母和姊妹們輪流與之玩耍，我也曾目睹小嬰兒啃食姊姊的皮鞋，但女主人似乎也不特別緊張或擔心，只見小嬰兒整天在感覺有點髒汙的地上爬行或啃咬玩具，也不見女主人整天消毒嬰兒用品，這有點顛覆我對父母照顧小嬰兒的刻板印象，只能說紐西蘭的生活環境太好太天然，好到父母似乎不需要特別注意小嬰兒的衛生問題吧！

住宿家庭的小嬰兒白天不曾胡亂哭鬧，就像家裡的其他成員一樣，那麼享受生活中發生的一切，不過畢竟只是6個月大的小孩，半夜還是偶爾會因為肚子餓而哭鬧一下，剛開始時我們也會因為哭鬧聲而醒來，但隨著日子一天天過去，我們竟然開始習慣，甚至聽不見這樣的噪音了。

由衷敬佩女主人為家庭奉獻的精神，每日準備7個人的晚餐，也不曾見到她的驚慌與急躁模樣，白天還得1個人照顧3個小小孩，晚上竟然還有閒情逸致和男主人聊天或喝杯小酒，真的是我所見過最從容不迫的媽媽，更難得的是我從不曾看見她對小孩大聲吼叫，這應該是很不容易的修練，也或許真的是民族性使然吧！

◀與小朋友同住一個屋簷下是美麗的意外收穫

原來老外
和我們想的不一樣

其實他們的冷靜與沉著也表現在生活的每個細節上，例如剛曬了衣服，但不巧下起了雨，卻也不會緊張，只是淡淡地說：「這場雨下不久的，等一下又會出太陽了。」

其實老外分為很多種，不同的生活環境和民族性本來就會有許多思想上的差異，這點並不意外，但令我感到比較意外的是紐西蘭人的價值觀和生活態度，500萬人能生活在這個風景秀麗、民風純樸、天然資源豐富的國度，想必是得到上天的許多眷顧吧！由於語言、種族和過去被殖民的緣故，也有不少人從英國移民至此，放棄了原本較高的薪水，只為得到一個壓力較小和貼近大自然的生活環境。

紐西蘭的放養主義

皇后鎮總人口才16000人，每年卻能吸引超過200萬的觀光客造訪，這真的是個很奇妙的感覺，走在皇后鎮的大街小巷見到的大概都是觀光客吧！由於我們住在寄宿家庭的緣故，所以才有機會一探紐西蘭人內心深處的想法與價值觀，第一個發

▲紐西蘭皇后鎮住家附近就有美麗的風景可以欣賞

現，就是他們「不很愛乾淨」，怎麼說呢？他們的居住環境不像英國或日本人那樣整理得有條不紊或一絲不苟，新冠病毒發生之前，也不見他們特別注重消毒，感覺不認為環境的問題會造成任何不適或生病。

　　舉個最簡單的例子，一般台灣人在照顧 6 個月大的嬰兒應該都是戰戰兢兢，生怕一個不小心，小嬰兒就亂抓亂吃或是跌下床，但我的寄宿家庭對自家 6 個月大的小嬰兒，是很輕鬆以待的，嬰兒身上永遠是沾滿食物殘渣，只有洗完澡之後的 2 個小時內，才能看見他穿著乾淨的衣服，他平常一起床，就被抱到餐桌前的娃娃椅上，然後媽媽就隨手丟一根胡蘿蔔或什麼能

▲皇后鎮唾手可得的美麗風景

慢慢啃食的物品給小嬰兒，接著就沒理他了，直到嬰兒對手上的食物感到厭煩才會發出聲音哭鬧。

　　每天我們回家時，總見小嬰兒在地毯上爬行，說實話，家裡的地毯也不見得特別乾淨，因為寄宿家庭裡養了貓和狗，另外2個姊姊也會穿著鞋子在室內走動，但是女主人卻一點也不擔心，反而是身為房客的我們替小嬰兒感到憂心，這可能都與台灣人生長的環境和所接收到的資訊有關吧！

紐西蘭人的從容不迫

　　小朋友習慣在家裡不穿鞋，她們會在後院和客廳裡跑來跑

▲紐西蘭簡單而美麗的住家環境

去，有一次姊姊聽到爸爸開車回到家的聲音，想衝過去給爸爸
一個擁抱，豈知院子裡的小石頭扎到了腳底，她哭得非常傷心，
一般台灣的父母一定非常緊張，不是拿藥來擦，就是要送去醫
院了，不然至少也會一直不斷安撫小朋友，然後小朋友就會愈
哭愈大聲……但是紐西蘭的父母卻不是如此，只聽到父母對著
哭泣的 5 歲小孩說：「這沒什麼，深呼吸！沒事了……」，他
們一點也不緊張的模樣讓我有點文化衝擊，我還雞婆地問說：
「不用擦個藥什麼的嗎？」他們非常淡定說：「不用啊！只是
小石頭刺到腳底。」紐西蘭人遇事從容不迫的態度讓我很欣賞。
其實他們的冷靜與沉著也表現在生活的每個細節上，例如剛曬

▲住宿家庭未滿周歲的小嬰兒在地毯上玩耍

了衣服，但不巧下起了雨，他們也不會要趕快把衣服收進來，只淡淡地說：「這場雨下不久的，等一下又會出太陽了。」

　　家裡每天 5 點準時開飯，女主人要準備 4 大 3 小的晚餐，雖然老外的晚餐比起台灣人要簡單許多，但畢竟要準備給那麼多口人吃，也是不太容易的，但我從沒見過她在廚房很緊張或是忙得焦頭爛額，她總是好整以暇，習慣在下午先準備一部分，晚上就輕鬆許多，這種不容易焦慮和緊張的生活態度很值得我們學習，發生在紐西蘭的許多事情都令我感到不可思議，我很好奇是什麼樣的環境才能養成這樣的價值觀與生活態度。

　　另一種的從容不迫則發生在 5 歲的小姊姊身上，早上媽媽送她去搭校車時，沒看清楚車輛就讓小朋友上了車，結果她在

▲住宿家庭女主人示範如何包雞肉捲

全車的人都下車之後，跑到司機身旁去說：「這不是我的學校」，司機詢問她就讀的學校名稱和基本資料後，接著就默默地又開著校車送小姊姊一個人去另一所學校上課。

　　當然，這期間學校已經和媽媽聯絡上，一般台灣的媽媽大概會緊張到心臟差點不能跳動，但是回家後，我聽她們母女講述這段故事時卻是充滿歡樂，姊姊還有點傷心不能再見到早上同車剛認識的新朋友了。紐西蘭 5 歲的小孩遇事都這麼沉著穩重，這讓我很汗顏，有時候在台北不小心搭錯車都會覺得很懊惱，很難這麼淡定，這些紐西蘭生活態度很值得我們深思，或許是他們環境太好治安也不錯，造就了他們充滿安全感的想法與價值觀，真的非常令人羨慕。

▲卡蒂普湖與瓦爾特峰高地牧場

紐西蘭熟齡遊學 Q&A

Q1　如何學會用當地人的視野過生活？

　　一般人海外旅遊，都喜歡到專門招待觀光客的餐廳用餐，也喜歡造訪遊客多的地方，所以大家的遊記、旅遊心得或照片取景等都大同小異，雖然不會不好玩，但要說是深度旅遊或是享受在地生活，總還是覺得缺少些什麼，其實缺的就是用當地人的生活方式消費、去當地人採買的地方採購和去當地人平常會去的地方休閒。

　　這些餐廳不見得在觀光客眼中出名，但卻可能是幾代經營的老店，也可能是價格平實與用料實在的鄰近小店，當你造訪時可能發現你是唯一的觀光客，而其他客人則都是道地的在地人。

　　在地人日常採購的地方，決不可能是位於觀光大街的商店，因為這些商店可能消費都較高，本地人大都會選擇更貨真價實或平價的購物地點。我們去一個地區旅遊時，經常都會誤認為當地消費很不合理，高度懷疑他們的所得與支出是否能成正比，但當你細心學會用當地人的視野過生活時，會發現，原來並不需要這麼高的所得，也能生活在這風景秀麗和如夢似幻的國度或地區。

　　如果真是當地人，大概不會想天天去逛需要高額門票的景點或天天搭乘什麼刺激的遊樂設施，你會在住家附近的美麗公

園散步、遛狗或是和朋友一起在郊外野餐，這些就是在地生活的日常，當你能保有足夠的時間探索一個地區時，才能體會觀光與在地生活的不同，我們既要去觀光客都喜愛的景點，但也別忘了花點時間體驗一下在地生活，遊客中心固然可以提供很多旅遊資訊，但更多更貼近當地人的旅遊資訊應該是來自路上的市井小民、超市的售貨員、餐廳的服務生和許許多多的在地人，可以問問他們最常去哪裡吃飯？週末都和家人做些什麼？或許你會有意外的收穫！

Q2 找不到適合的 50+ 課程，可以選擇一般的語言學校上課嗎？

嚴格說起來，紐西蘭的語言學校幾乎沒有為 50 歲以上人士特別設計的課程，但這也不代表 50 歲以上的人不能到紐西蘭去遊學，如果不介意和不同年齡層的同學一起學習，其實選擇一般的語言學校就讀即可。

對熟齡者而言，挑選語言學校除了學校的教學品質要考慮之外，挑選喜歡的地區就讀才更為重要，畢竟體驗當地生活、旅遊和了解文化也是熟齡學習的一部分，一個可提供多元活動和人民友善的地區才是熟齡遊學的首選，大家在和語言學校溝通時不妨問問有那些課外活動可參加，再看看這些活動是否為你所喜愛。

Q3 琳瑯滿目的課後活動怎麼挑選？

由於紐西蘭幾乎沒有特別為 50 歲以上人士設計的課程，所

以課外活動也都是混齡一起參加，加上紐西蘭是許多刺激活動的發源地，所以學校在活動的安排上難免會有些過於刺激。如果你是喜歡刺激和身體硬朗的熟齡朋友，其實和年輕人一起刺激一下或許無妨，但如果你和我一樣對於安全和身體狀況有較多考量，那建議先跳過那些過於刺激的活動，先選擇一些簡單的健行、手做 DIY、品酒、看風景和看野生動物等行程參加，紐西蘭是一個觀光資源豐富的國家，你若喜歡大自然應該不會感到無聊或無趣。

Q4 紐西蘭遊學一個月大概要準備多少費用？

這個和選擇的地區、學校和自己對食宿條件的要求等有密切的相關，以之前的紐西蘭皇后鎮經驗為例，將費用拆解如下：

支出項目	花費金額（紐幣）	備註
學費	3000	含上課及課後活動費用
住宿費	1500	含寄宿家庭早、晚餐費用
伙食費	700	含上課期間午餐費用、咖啡、下午茶及假日出遊午、晚餐費用
交通費	200	含上下課巴士交通費用及假日交通費
鄰近機場往返學校的私人接送費	200	若自行搭乘巴士則可節省支出
其餘開支	1000	含假日旅遊、書籍、註冊、保險、寄宿家庭配對費用等

以上費用合計為 6,600 紐幣，以 2021 年 7 月匯率 19.91 計算約合台幣 13 萬元（不含往返紐西蘭的機票和簽證費用），但若選擇遊學的地區、住宿條件和學校品質不同，費用則可能增減 30～50%。

菲律賓

第五章

身為多數人海外遊學追夢第一站的菲律賓，
除了承載無數年輕人的夢想，
也有許多為彌補年輕時留有遺憾的熟齡人士奔赴至此，
在這裡，我們都是一樣的，
一樣吃著學校餐廳裡的菲律賓風味韓式料理，
一樣在斯巴達教育的課程中，
在心中描繪著對於未來的美好想像。

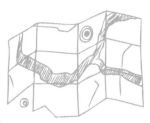

菲律賓
熟齡遊學小貼士

菲律賓語言學校的挑選

◆嚴格說起來,菲律賓並沒有特別為 50 歲以上學生設置的語言課程,一般多為程度分班混齡上課,建議挑選稍具規模且被菲律賓技術教育技能發展司 TESDA 認證及菲律賓移民署 SSP（Special Study Permit 特殊學習許可）認證的語言學校,TESDA 網站可提供認證學校的查詢,網址如下:https://www.tesda.gov.ph/TVI

◆菲律賓語言學校分 3 類:斯巴達、半斯巴達和自律型（休閒度假型）的學校。

　　斯巴達學校:一般來說都有嚴格門禁管理,週一～週五不能外出,每天上課時數較多,晚上會強制上課或是強制晚自習,校規規範較多也較嚴格。

　　半斯巴達學校:週一～週五平均維持 7 ～ 8 堂課,下課後可自由活動,但是有門禁管理,課程有一定的緊湊度跟一定的作業量。

　　自律型（休閒度假型）的學校：比較偏向邊旅遊邊學英文，部分學校一樣有門禁但是很自由，下課後可自由活動離開校區，多數課程為口語對話。

◆除了學校風格、師資和價格之外，學校設備也是一個需要考慮的重點，建議選擇中大型語言學校，確保設施不會過於簡陋，分班也能比較符合程度。

◆選擇有能力提供多國學生一起上課的學校，這樣才能更有機會練習口說與了解不同文化，應避免選擇台灣人或中國人比例過高的學校就讀。

◆選擇可以提供多元住宿方式的語言學校，因為有些 50+ 的朋友不太習慣住在學生宿舍，因此可挑選飯店當作住宿地點，較少聽說遊學菲律賓的學生住在寄宿家庭，可能與生活品質和生活習慣有關。

◆學費和住宿費可透菲律賓遊學代辦得知，一般而言菲律賓的語言學校都是透過遊學代辦來招攬學生，某些遊學代辦也有自己派駐當地的服務人員可處理學生大小事，遊學代辦的收入來源是語言學校給予的退傭，所以透過代辦一般來說並不會有額外費用的問題。

◆選擇有華語經理的語言學校可讓英文程度不佳的朋友更加安心，一般而言只要出了海關之後就會有接機人員直接接送學生，之後有任何問題都可用中文與華語經理溝通。

適合的地點、季節與天數

◆菲律賓遊學主要的區域有宿霧、碧瑤、克拉克、巴克羅及怡朗等地區，但主要還是集中在前 3 個區域，尤其以宿霧地區學校最多，疫情前已有超過百間語言學校，其中也包括台灣人和中國人設立的極少數語言學校。

宿霧：為菲律賓第 2 大城，也是觀光地區，由於學校選擇多又有直飛班機，所以是很多人的首選，這裡全年皆夏，所以厚重衣物可以不用攜帶。

碧瑤：是一個位於海拔高度 1500 公尺的山城，氣溫全年皆在 28 度以下，相較於其他地區顯得涼爽，這裡的居民也較親切且較不商業化，菲律賓前 5 大知名大學皆有分校在碧瑤，所以這裡的師資非常充裕，缺點是抵達碧瑤的路途較辛苦，從馬尼拉開車過來雖然只有 250 公里，但至少需要 4、5 個鐘頭，若遇上塞車就更久了。

克拉克：是比較多歐美後裔居住的地方，距離馬尼拉約 3 小時車程，這裡的語言學校擁有較多的歐美教師，喜歡外師的同學可以選擇克拉克。

◆寒暑假是菲律賓語言學校的旺季，應盡量避免這段時間前往，另外熱門的語言學校可能床位不好安排，建議提早計劃。

◆原則上每週一可入學，很多學校也接受只就讀 1 週的申請，但仍需負擔申請費用，所以平均成本會比長期就讀的同學高。

◆ 建議地區：宿霧、碧瑤、克拉克。

行前準備

◆一般學校課程沒有最低語言程度要求，所以零基礎的學生也可以參加，到時再參加程度測驗分班即可，無須過度擔心。

◆菲律賓使用現金的機會較多，除了信用卡和現金之外也建議攜帶提款卡，要記得事先在台灣申請國際提款密碼。

◆建議請學校代為安排機場接機，然後直接送抵宿舍或飯店較為方便與安全。

◆衣服大致上只需要夏季服裝，學校一般可代為洗衣，若怕冷氣房太冷的朋友可攜帶薄外套。

◆一般學校宿舍不提供毛巾或只提供少量衛生紙，大家可視需要攜帶。

◆建議為老師或同學準備一些小禮物。

◆遊學代辦一般會協助辦理菲律賓簽證。

菲律賓基本資料

菲律賓首都	馬尼拉
官方語言	菲律賓語和英語
人口	1.07 億人（全世界第 13 名）
面積	32 萬平方公里（全世界第 72 名）
時差	無

電壓	菲律賓使用的電壓為 220V，使用插頭為兩腳扁型（和台灣相同）
簽證	遊學代辦一般會協助辦理菲律賓簽證，目前台灣前往菲律賓所需辦理的簽證為旅遊觀光簽證，分為 30 天的線上簽證及 59 天的紙本簽證，若前往菲律賓遊學時間會超過 59 天，則先在台灣辦理 59 天紙本觀光簽證，並於抵達當地後由學校代為辦理延簽。到校後，學校會幫學生辦理 SSP（Special Study Permit）特殊學習許可證，即為可合法在當地就讀語言學校之學生簽證。唯目前處於疫情期間，簽證和入境規定可能有所變化，建議出發前洽詢馬尼拉經濟文化辦事處，網址為：https://www.meco.org.tw/
航班及飛行相關資訊	台灣直飛馬尼拉：約為 2 小時，可選擇的直飛班機有長榮、華航、亞航、菲律賓航空和宿霧航空等，若不介意轉機則可選擇國泰或香港航空在香港轉機
	台灣直飛宿霧：約為 3 小時，可選擇的直飛班機有長榮和亞航等，若不介意轉機則可選擇華航、菲律賓航空或宿霧航空在馬尼拉轉機，也可挑選國泰航空在香港轉機

本書相關資訊為當下查詢，實際資訊建議臨行前以最新公告為主。

日常生活

手機網路 SIM 卡	目前有 Smart、Globe 和 SUN 等幾家電信商比較知名，詳細費用和使用方式可到以下網站查詢： https://smart.com.ph/corporate https://www.globe.com.ph/ https://suncellular.com.ph/
貨幣	菲律賓使用的貨幣為披索，紙鈔面額分為 20、50、100、200、500 和 1000 披索，硬幣分為：1 分、5 分、10 分、25 分、1 元、2 元、5 元和 10 元
開車	不建議讀者在菲律賓租車自駕，除了交通狀況不佳之外也擔心治安問題，菲律賓的計程車資不算太貴，更建議使用類似 Uber 的 Grab App 叫車，除了方便之外也是安全考量
菲律賓伴手禮	芒果乾、木瓜香皂、椰子油和手工藝品等

Info・駐菲律賓臺北經濟文化辦事處

- 🏠 地址：41F, Tower 1, RCBC Plaza, 6819 Ayala Avenue, Makati City 1200, Metro Manila, Philippines
- 📞 電話：(+63) 2-8887-6688
- 📞 緊急聯絡電話：(+63) 917-819-4597，或請國內親友撥打「外交部緊急聯絡中心」電話：0800-085-095，以獲得必要協助。
- 📞 通話方式：從菲律賓打回台灣手機的方式為 00-886 + 手機號碼（去掉最前面的 0），從台灣打電話到菲律賓的方式為 002-63 + 手機號碼（去掉最前面的 0）
- ⚠ 重要提醒：在菲律賓旅遊期間，倘若遭遇車禍等危及生命安全情況，請撥打菲律賓警方 911 緊急專線求救

菲律賓國定假日

日期	假日名稱	備註
1 月 1 日	元旦 New Year's Day	
每年日期不一定	中國新年	
2 月 25 日	桑托斯大道革命紀念日	
每年日期不一定	濯足節	復活節前的星期四
每年日期不一定	Good Friday	復活節前的星期五
每年日期不一定	Holy Saturday	耶穌受難日的第 2 天和復活節前 1 天
4 月 9 日	巴丹日	紀念二戰時的巴丹死亡行軍
5 月 1 日	勞動節	
每年日期不一定	回教開齋節	伊斯蘭曆的 10 月 1 日
6 月 12 日	菲律賓獨立紀念日	
每年日期不一定	回教宰牲節	伊斯蘭曆的 12 月 10 日
8 月 21 日	艾奎諾記念日	
每年日期不一定	國家英雄日	8 月的最後一個星期一
11 月 1 日	萬聖節	
11 月 30 日	波尼奧紀念日	
12 月 8 日	聖母無原罪日	
12 月 25 日	聖誕節	
12 月 30 日	黎剎逝世紀念日	
12 月 31 日	除夕	

菲律賓口味的韓國料理

學校裡所謂的「菲律賓式韓風料理」，食物顏色大都以黑色呈現居多，口味上不菲不韓，説不上美味，也不是特別難吃，但就是感覺很奇特的混血料理……

▲宿霧市區 Buffet 餐廳裡供應的食物

一般人到菲律賓旅遊，大多是為了純淨的海灘、多元的海上活動或因物價便宜，可以盡情地消費，倒很少聽說是為了美食而專門前往的，菲律賓由 7107 個島嶼所組成，所以照理說海鮮應該不少，不過由於冷藏設備不佳，其實很容易造成觀光客腹瀉，不可不慎！

菲律賓化的韓國料理

曾幾何時，到菲律賓遊學已成了顯學，猜想是飛行距離短與消費較低的緣故，尤其是年輕人趨之若鶩，不只家長們視菲律賓為寒暑假學習英語的首選，社會新鮮人也是存了一些錢之

▲菲律賓語言學校餐廳裡供應的食物

後，就想到菲律賓去充電和增強語言能力，菲律賓語言學校也就如雨後春筍般應運而生了。

最早嗅到這個龐大商機的，首先是日本人和韓國人，慢慢地，也有中國人和台灣人在當地設立語言學校，但規模還是以韓國人和日本人的學校較龐大，韓資的語言學校占比也最高，所以到菲律賓去遊學很容易挑到韓資的學校，學校的三餐吃起來可能都有濃濃的「韓國風」。

但千萬不要誤以為所謂的韓風吃起來會像一般人印象中的韓國料理那麼道地或美味可口，由於食材不同，以及料理師傅都是菲律賓當地人的緣故，學校裡的餐點吃起來就是所謂的「菲

▼宿霧高級 Buffet 餐廳裡的選擇琳瑯滿目

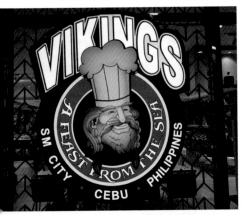

律賓式韓風料理」，食物顏色大都以黑色呈現居多，口味上不菲不韓，說不上美味，也不是特別難吃，但就是感覺很奇特的混血料理，每日的午、晚餐大概都是這樣子的型態，故當時很慶幸我們只需短暫停留 1 週便要離開學校，並對那些必須埋首苦讀，還要天天忍受創意料理的同學們寄予無限的同情。

當地潛伏的食物危機

菲律賓語言學校教師的薪資普遍不高，所以他們也較少出入比較高級的餐廳用餐，當詢問關於推薦的餐廳時，老師大概只能憑藉著過去同學的分享來推薦，大概都是一些網路上很多人去的餐館，我們也去了宿霧當地一家知名的 Buffet 餐館，食物種類非常多元，但就是菲律賓式的異國料理大集合，說不上特別美味，但當吃膩了學校的韓式料理時，能換換口味覺得很開心。

我覺得菲律賓語言學校的餐點供應，除了美味比較不足之外，更擔心的是衛生問題，有時候不是學校的廚師不注重衛生，而是很多食材在運輸的過程中就已經敗壞，尤其以菲律賓這麼炎熱的氣候，最容易產生腐敗的食材大概非海鮮類莫屬，所以學校老師也告誡同學們到外面去別輕易嘗試海鮮。

以我們這次遊學 1 週住宿的經驗，室友竟然不連續地拉了 3 天肚子，但也不能全怪宿舍餐廳，畢竟到了國外大家還是愛到處嘗鮮，所以到底在哪吃壞了肚子也無可考，難怪很多語言代辦中心都會苦口婆心提醒要去遊學的大家記得攜帶足夠的腸胃藥。

　　幾次旅遊下來，我覺得菲律賓最好吃的料理是西餐，例如：披薩、義大利麵和沙拉之類的料理，這些東西感覺比較道地，也不會混雜菲律賓當地口味，除了美味之外，也比較不容易被驚嚇。另外，菲律賓飲食很有趣的地方是，很多東西都會配飯吃，例如即使是速食炸雞塊，也會配上一包飯當作套餐。

　　雖然很多資料指出菲律賓飲食深受西班牙和美國的影響，但我覺得這麼多年來，他們已經發展出自己的飲食文化，如果你想到菲律賓遊學但對飲食比較挑剔，我覺得可以選擇附有廚房的宿舍，偶爾下廚煮些家鄉味可能也是蠻紓壓的，重點是還可以吃到比較均衡和清淡的飲食，尤其以年過半百的學生來說，天天菲律賓式或韓國式的飲食可能造成不少身體負擔，像我們就幾乎不到學校餐廳用早餐，寧願沖個麥片、煮個水煮蛋和切些水果來當作早餐，除了不用一大早來回奔波於宿舍房間和餐廳之間外，這樣的早餐也比較適合自己的年紀，還可以比較從容地趕到教室去上課，迎接每天不同的挑戰。

▲語言學校宿舍裡的簡易廚房設備

大媽也有做夢的權利

原來你不是怪胎，活到這把年紀還想為自己努力一下的精神，非常令人感佩，大家都應該為你喝采加油。

▲宿霧海邊的螃蟹船

很多女士或太太們一生為工作或家庭努力付出，到了 5、60 歲才突然想起自己年少時的未盡之夢，想為自己活一段，於是想起了諸多夢想中的其中一項：到海外去念書。

活到這把年紀，其實要的已經不是學位背後可以帶來升遷那麼膚淺的益處，想要得到的，不過是年輕時無法實現的夢想，或許因為家境或環境不許可，年輕時只能看著別人追夢，而自己卻苦守工作或家庭，如今義務已經完成 7、8 成，但也已經邁入再不去就可能沒機會的尷尬年齡，所以很多人在年過半百之後，勇敢與自己的舒適圈短暫告別，大膽追夢去了。

勇敢追夢的千百種理由

根據我們自己菲律賓宿霧遊學的經驗，整架廉價航空的飛機上幾乎搭載了 98% 要去宿霧圓夢的年輕人，每個人手上都是

▲各個語言學校派專人到機場舉牌接送同學

代辦中心交代的滿滿資料，下機經過海關時是第一個考驗，要獨自面對海關說英語，不過海關大概知曉這些都是來此學習英語的學生們，所以很少見到刁難的狀況。

出了機場大樓後，大家就可以見到各自學校的接機人員，所以從出台灣家門到進入菲律賓學校大概只要半天的時間，就完成了出國念書的第一步。

此次遊學期間遇上了幾個年紀相仿的學生，也和他們聊起了來此的動機。有位中國大叔獨自前來約莫有幾個月了，他的理由很有趣，他說想帶老伴去環遊世界但老伴不敢，因為擔心不會說英語的兩人走失在語言不通的國度，於是愛妻的大叔下定決心要好好努力學習英語，因此拋下老婆來了菲律賓努力學習，只見他從早到晚 1 天 8 堂課從不怠惰，雖說有效果但壓力著實不小，我感受到他愛護妻子的努力與承諾，是個好男人。

▲語言學校宿舍內的簡易陳設

　　可以體驗海外留學生活的地方很多，菲律賓絕對不是首選，但為什麼上了年紀者偏好菲律賓呢？我猜想大概有以下幾個理由支持大家去菲律賓遊學：

◆飛行時數短

◆不用調整時差

◆語言學習效果佳

◆費用相對經濟

◆提供很多1對1課程，適合各種程度的學生

◆校內設有華語經理，可以幫忙處理生活與學業大小事務

◆從接機開始的一條龍服務，就算不會說英語也無須太擔心

　　基於以上種種理由，很多人圓夢的首選就挑了菲律賓，加上菲律賓遊學代辦在台灣競爭非常激烈，所以經常有優惠或議價空間，對於想初次嘗試者也有莫大的吸引力。

▲菲律賓語言學校的教室設備

年齡不應該是追夢的阻礙

搭機時所見幾乎都是年輕人居多，但到了學校發現原來有點年紀的叔叔阿姨們也不少，主要是看當初的選擇和代辦公司的建議，如果和一堆年輕人相處怕有障礙，那可以請遊學代辦建議適合中老年人就讀的學校，不過說實話，來菲律賓學習語言的還是以年輕人為主流，所以還是要讓自己的心態保持年輕，有機會就和年輕人聊聊也不錯。

我們遇上的中老年學生，除了之前提過的中國愛妻大叔之外，還有一名趁著轉職期間到菲律賓放空的科技業主管，他原本以為菲律賓的語言學校都位於海邊，隨時可以下海游泳，豈知選到的學校竟然是位於市區，搭計程車到海邊還要幾十分鐘，所以到達菲律賓已經幾週的時間了，竟然連海都沒見到過。

另一個有趣的故事是個不會說英語的台灣婦女，鼓起勇氣和老公告別 2 週，自己一個人到菲律賓圓夢，她幾乎是從 ABC

◀語言學校的 1 對 1 小教室

▲宿霧靠海邊的語言學校可見到沙灘與螃蟹船

重新開始認識英文，2 週後獨自搭計程車到機場準備返家，用英文和司機討價還價成了她此行最大的成就，大媽小小的進步對很多人來說或許意義不大，但對一個 60 歲左右的大姐來說，這 2 週除了圓夢之外，也是對自己的肯定，原來我也可以做到，如果你也還有未盡之夢，那就趕快規劃吧！

　　去了之後你就會發現，原來你不是唯一，你也不是怪胎，活到這把年紀還想為自己努力一下的精神，非常令人感佩，大家都應該為你喝采加油。

1天8堂課的
疲勞轟炸

如果 1 天有 8 堂課的同學，就算只有其中 4 堂課有作業，那豈不是每天都要花上 4 小時寫功課？想到這裡，便忍不住對選擇斯巴達課程的熟齡者肅然起敬。

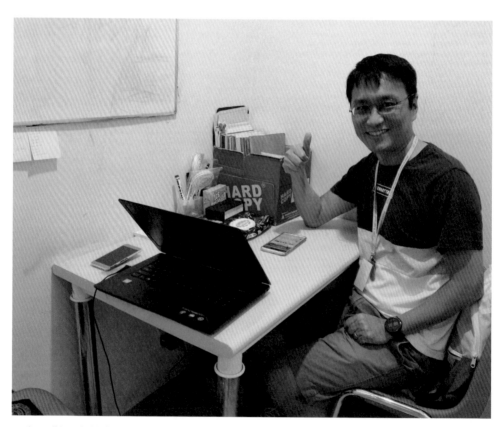

▲在 1 對 1 小教室內的上課情形

正式離開學校應該超過 25 年以上了，後續雖然上過一些社大或是國外遊學的課程，但大都屬於玩票或實用性質居多，很少需要整天坐在教室裡像個國中生一樣，從早自習上到晚自習的，但菲律賓的語言學校因為分成斯巴達式、半斯巴達式和休閒式 3 大類，很多人不明就裡之下選擇了效果顯著的斯巴達式學校，再加上遊學代辦的洗腦，大家都憧憬著幾週或幾個月後自己的英文能力可以脫胎換骨，所以咬著牙選擇了 1 天要上滿整整 8 堂課的密集班報名。

馬不停蹄的斯巴達課程

斯巴達式課程可從早上 7 點上到晚上 9 點，以通過考試為目的居多，並設有嚴格門禁時間，如果你想短時間內把英文能力提升到一定的水準，或許可以選擇這類的學校。半斯巴達式

▲菲律賓團體教室與 1 對 1 教室

其實就是介於斯巴達式與休閒式之間的學校，課程沒有斯巴達式那麼密集，至於休閒式語文學校，則是我個人覺得比較適合熟齡遊學的選擇，每天只有 4～5 堂課，至於門禁問題則要看各個學校和宿舍而定，通常學校對熟齡者的限制都比較寬鬆。

我選擇的課程 1 天只有 4 堂課，2 堂團體班和 2 堂 1 對 1，歐美遊學幾乎很難見到 1 對 1 的教學課程，主要是費用較為昂貴的原因，但菲律賓的英語教學恰好相反，菲律賓是以 1 對 1 為主，團體教學為輔。因為在上課前，已先經過語言能力測驗分班，所以同班同學的年齡或許不同，但程度基本上應該一致。

我的團體課其中一堂是英文聽力課，老師是來自美國退休

▼菲律賓語言學校的上課側拍與教室設備

的工程師，感覺他不是很喜歡菲律賓，但不知道為什麼還留下來教書，或許是因為遲來的愛情！這位美國老師上課挺嚴格，每天都有不同的聽力練習和家庭作業，以我不算太差的英文程度，光寫這堂課的作業可能要花上 1 個小時的時間，如果 1 天有 8 堂課的同學，就算只有其中 4 堂課有作業，那豈不是每天都要花上 4 小時寫功課？想到這裡，便忍不住對選擇斯巴達課程的熟齡者肅然起敬。

　　其實我覺得 1 對 1 課程也是充滿壓力的安排，因為 1 堂課

▲宿霧海邊日資語言學校一隅

▲宿霧附近的邦勞島沙灘

有 4、50 分鐘，課堂上只有你和老師 2 個人要全程使用英文對話，有時候會發現，自己已經將所有會講的單字都說過一遍了，時間竟然才過了一半，好不容易才講完 1 堂 4、50 分鐘的英語會話課，休息幾分鐘過後，又換另一個老師來繼續磨練你的腦力和記憶力，每天就這樣周而復始地練習，壓力不小但也讓很多人感覺成效斐然。

客製化的 1 對 1 課程

我的目的性沒那麼強，所以 1 天安排 2 堂 1 對 1 已經足夠，加上我擁有一定的英語程度，並不想使用學校制式的教材，所以和老師商量是否能夠客製化 1 對 1 課程，這等於是增加老師

▲邦勞島沙灘上的活動與美景

的工作量，但他們並沒有不開心，反而很認真地準備我想學的內容，一位老師教了我關於菲律賓歷史、文化和在地觀光；另一位老師則教我英文點菜的菜單內容，從鵝肝醬的英文上到各式各樣不同的義大利麵，這些都不是固定教學的內容，但老師們都願意多花時間準備，所以我也由衷感謝和佩服他們。

　　我們碰到不少熟齡的學生跟年輕人一樣，1天上滿8堂課，下課之後都只想躺平，連說話和思考的力氣都沒有了，雖然很充實，也很容易進步，但是對體力和耐力而言實在是一大挑戰。我覺得1天4、5堂課似乎是比較恰當的安排，剩下的時間可以做功課、複習或是去按摩和逛逛街，還可以到咖啡廳去小坐一下觀察人生百態，這樣的遊學生活似乎才比較適合熟齡者。

菲律賓的遊學生活比較適合真的想要學習英文和期望短期內見效的朋友前來，若是想要體驗優雅的西式生活或想在優美的小鎮小住一些時日，或許菲律賓並非第一選擇；但若你是熱愛水上活動或大自然的人，宿霧的跳島和鄰近的薄荷島、邦勞島及地瓜島等等應該會讓你感到如魚得水。

　　不少人在選擇到歐美遊學之前，先到菲律賓試試水溫或補強英文能力，也藉機測試自己是否適合一個人獨自遊學，總之大家的目的不一樣所以產生不同的選擇，只要能勇敢踏出去都是好的開始。

▼邦勞島沙灘上的遊客活動

上課之餘的紓壓活動

由於治安因素，所以很多學校會管制學生的行動自由，對熟齡者而言，還是建議慎選管制較少且環境優良的學校，當然最好附近就有不錯的餐廳、咖啡廳、按摩院和超市等等，讓自己可以很快到附近放鬆心情。

到菲律賓遊學，很多人會選擇 1 天 8 堂課的密集式英語課程，一天下來除了腦袋累到不能思考之外，戰戰兢兢一整天後，也造成肩頸僵硬和懶得開口說話，下課後除了癱倒在床上之外，大家最常造訪的地方就是學校附近的按摩院，通常只要走幾步路就可以發現按摩院的蹤跡，所以無論是下課後或晚飯後去報到，都十分便利。

不同年齡層的放鬆方式

相信不少人都有到東南亞旅行按摩的經驗，不過可能都是在觀光區或高級 Spa 按摩，價格上或許不會讓觀光客感覺非常超值，但學校附近的按摩院，一般都是連菲律賓人也可能造訪的普通消費水準，價格實在，真的會讓人想天天去紓壓一下。

以我們學校附近一家位於小型商場的新開設按摩院而言，30 分鐘的全身按摩只要 250 菲律賓披索，約合台幣 150 元，就算是最長時間的 120 分鐘按摩，也只要台幣 360 元，另外再加

費台幣 30 元便可以從指壓升級成油壓，看到這個平易近人的消費價格，我們豈有放任機會流逝的可能，所以 1 週當中大概有 3 天，都會去按摩院報到。

　　大多數年輕學生的紓壓方式是趁著週末出海去浮潛或和鯨鯊一起游泳，很多人還趁著到菲律賓遊學期間，順便考了潛水證照，這是非常好的額外收穫，因為菲律賓的潛水費用低廉，且海底世界非常吸引人，但如果你對自己的英語沒信心，建議找有中文教練的潛水學校去學習會比較安全。

　　另外夜店當然也是年輕人喜愛的紓壓場所，聽說夜店也是練習英語會話的好地方，尤其幾杯黃湯下肚之後英語似乎都變得更加流利了，但夜店內難免有些情色和毒品交易，不可不慎！

▲宿霧街上清靜的咖啡廳和學校旁的按摩店價目表

充飽電後，再繼續前行吧！

其實宿霧的市區學校離海邊頗遠，加上交通狀況不太好，所以不太可能常去海邊紓壓；再則，離宿霧市區最近的海灘，其實比不上菲律賓其他知名的海灘，所以大家並沒有很熱衷往海邊跑。

除了按摩之外，我們課後的時間也喜歡造訪各式各樣的咖啡廳，也常放棄學校的晚餐，選擇到外面的餐廳用餐，總之，離開學校的範圍後，就會讓人有度假般的感受，畢竟菲律賓的語言學校還是屬於比較高壓和考試型導向，很多學校的休息空間也不夠充足，大多是餐廳充當休息室，所以很多時候我寧願回宿舍休息，也不想待在充滿油煙味的餐廳寫功課。

很多人紓壓的方式是購物和大吃大喝，我想宿霧較高級的購物中心應該可以滿足大多數人的需求，例如：阿亞拉購物中心（Ayala Center Cebu）和 SM City Cebu ，就是市區 2 個較不

◀語言學校內的餐廳

錯的購物中心，很適合去消磨一個下午。至於宿霧市區的一些景點，像是：麥哲倫十字架和聖嬰大教堂等，一般人大概去了 1 次之後就不想再去了。

在宿霧期間，除了上課壓力頗大之外，另一個壓力來源，可能是對環境與治安的不安全感，所以很多學校會管制學生週一～週五的行動自由，除了讓學生可以好好念書之外也是保護大家的安全，但這樣的管制無疑是讓人感受到更大的壓力，對熟齡者而言，還是建議慎選管制較少且環境優良的學校，當然最好附近就有不錯的餐廳、咖啡廳、按摩院和超市等等，讓自己在接受了一天的英語疲勞轟炸之後，可以很快到附近放鬆心情，暫時逃離校園和老師，整理好心情後，就可以再度接受挑戰，證明自己寶刀未老，只是需要多點時間來適應。

◀離市區有點距離的宿霧海灘

菲律賓熟齡遊學 Q&A

Q1　菲律賓適合熟齡者去遊學嗎？

　　其實沒有什麼適不適合的問題，主要是看熟齡者喜不喜歡菲律賓的環境和學校的教學方式，一般會選擇菲律賓為遊學地點的人士主要是看上以下幾點：

◆ **飛行時數短**：台灣直飛前往宿霧僅需 3 小時，比起其他歐美的英語系國家要短上好幾倍，且機票價格也是便宜上許多，對害怕長途飛行的熟齡者來說也是一個不錯的選擇。

◆ **沒有時差**：調整時差是一個惱人的問題，尤其年紀愈長愈難馬上調整好，對不想調整時差的熟齡者而言，菲律賓就是一個不錯的選項。

◆ **費用便宜**：菲律賓遊學的總費用會比歐美便宜許多，主要是機票和生活開銷相對便宜。

◆ **華語人員駐地或駐校服務**：菲律賓遊學的主要市場為中國、台灣、韓國、日本和越南等國家，很多遊學代辦或語言學校都有派駐當地會講華語的工作人員就地服務學生，很多人也是看上這點而選擇到菲律賓去遊學的，畢竟人生地不熟再加上語言能力可能不夠好，如果有會講華語的工作人員能夠幫忙處理大小事務便會感覺安心和方便許多。

◆ **可以短期收效**：由於工資便宜的緣故，菲律賓語言學校的特色就是能夠提供 1 對 1 教學和排滿整天的課程給學生，只要

你願意按部就班上課和完成作業，大多數學生在短期內都能感受到進步。

以上這些都是選擇歐美遊學較無法提供的特點，如果其中有2、3項打中你，那你可以考慮試試菲律賓遊學，建議一開始可以先報名2週，倘若覺得喜歡或合適，便可以選擇在當地延長就讀時間。

Q2 菲律賓的治安好嗎？

學生一般在校園內、學校附近及觀光區活動，只要不是在天色昏暗的小巷活動或前往偏僻的地區，一般而言問題不是太大，但不可否認畢竟菲律賓的國民所得還是偏低，難免有人會覬覦觀光客身上的財物，所以財不露白、結伴同行和減少黑夜活動都是自保之道。

其實比起治安而言，衛生反而才是熟齡者更應該注意的事情，天氣炎熱的菲律賓對海鮮的保鮮是個極大的挑戰，選擇餐廳用餐不可不慎，在菲律賓拉肚子的機率比被搶劫要大上許多。如果你是個天生沒有安全感又容易緊張的人，一定要事先安排好學校的接送機，活動範圍也盡量限制在校園內，若想參加課外旅遊活動，也請參加由學校主辦的活動。

Q3 上完課之後英文會進步很多嗎？

對於零基礎或基礎比較薄弱者來說，幾週的密集課程的確會感受到明顯的進步，至少會從幾乎不敢開口變成能夠說上一些簡單的英語，這對許多熟齡者來說是很大的鼓舞，因此菲律賓也變成零基礎或基礎薄弱者的遊學首選。進步的原因來自於 1 對 1 課程和密集的訓練，不過這些都是要付出代價的，學生必須願意配合努力學習才能有所收穫。但如果你遊學的目的並不是把語言進步擺放在第一位，那菲律賓斯巴達或半斯巴達式的學校可能不太適合你，不過你可以選擇休閒式的學校就讀，1 天的課程只有 4 堂左右，壓力會減少很多，但進步就會比 1 天上滿 8 堂課的學生要緩慢些。

如果你原本就已經具備一定的英文能力，到菲律賓遊學只是想複習和練習會話的話，1 天 4 堂課已經足夠，剩下的時間除了寫寫作業外，不妨去商場、餐廳、咖啡廳和按摩院找人聊聊天和放鬆一下，這也是練習英語最直接的方式，且進步最快又實用性高。

Q4　菲律賓遊學一個月大概要準備多少費用？

　　這個和選擇的地區、學校、課程多寡和對食宿條件的要求等有密切關係，我以之前的宿霧經驗為例將費用拆解如下：

支出項目	花費金額（美元）	備註
學費	750	以 1 天 4 堂課計價
住宿費	900	校內宿舍雙人房含衛浴及三餐校內伙食
額外伙食費	300	一般人對校內伙食普遍沒那麼喜愛，所以還是會外食，尤其是假日幾乎沒人在校內用餐
交通費	100	往返市區或海邊計程車費和近郊旅遊交通費等
鄰近機場往返學校的私人接送費	50	有些學校在在固定時段提供團體免費接送機服務，可自行查詢
其餘開支	800	含簽證、假日旅遊、書籍、註冊、水電、保險和雜費等

以上費用合計為 2,900 美元，以 2021 年 7 月匯率 28.29 計算約合台幣 8.2 萬元（不含往返菲律賓機票費用），根據學校的學費和住宿等級的差異，費用可能增減 30% ～ 50%。

熟齡遊學

半百人生的海外體驗營

作　　者	豌豆老公主 Amy	出 版 者	四塊玉文創有限公司
編　　輯	藍勻廷	總 代 理	三友圖書有限公司
校　　對	藍勻廷、黃子瑜	地　　址	106 台北市安和路 2 段 213 號 4 樓
	豌豆老公主 Amy	電　　話	（02）2377-4155
美術設計	林榆婷、劉錦堂	傳　　真	（02）2377-4355
		E-mail	service@sanyau.com.tw
發 行 人	程顯灝	郵政劃撥	05844889 三友圖書有限公司
總 編 輯	盧美娜		
發 行 部	侯莉莉、陳美齡	總 經 銷	大和書報圖書股份有限公司
財 務 部	許麗娟	地　　址	新北市新莊區五工五路 2 號
印　　務	許丁財	電　　話	（02）8990-2588
法律顧問	樸泰國際法律事務所許家華律師	傳　　真	（02）2299-7900
藝文空間	三友藝文複合空間	初　　版	2021 年 08 月
地　　址	台北市大安區安和路二段 213 號 9 樓	定　　價	新臺幣 340 元
電　　話	（02）2377-1163	I S B N	978-986-5510-86-2(平裝)

SAN YAU
http://www.ju-zi.com.tw

三友圖書
友直 友諒 友多聞

三友官網　　三友 Line@

國家圖書館出版品預行編目 (CIP) 資料

熟齡遊學：半百人生的海外體驗營 / 豌豆老公
主 Amy 作 . -- 初版 . -- [臺北市]：四塊玉文創
有限公司 , 2021.08
　面； 公分
ISBN 978-986-5510-86-2(平裝)

1. 老年 2. 生活指導 3. 生涯規劃

544.8　　　　　　　　　　　　110011744

地址： 　　　縣/市　　　鄉/鎮/市/區　　　路/街

　　　段　　巷　　弄　　號　　樓

廣 告 回 函
台北郵局登記證
台北廣字第2780號

三友圖書有限公司 收
SANYAU PUBLISHING CO., LTD.

106　　台北市安和路2段213號4樓

三友圖書
讀書俱樂部

\ 紛絲招募歡迎加入 /

臉書／痞客邦搜尋

「四塊玉文創／橘子文化／食為天文創
三友圖書——微胖男女編輯社」

加入將優先得到出版社提供的相關
優惠、新書活動等好康訊息。

四塊玉文創╳橘子文化╳食為天文創╳旗林文化

http://www.ju-zi.com.tw
https://www.facebook.com/comehomelife

親愛的讀者：

感謝您購買《熟齡遊學：半百人生的海外體驗營》一書，為感謝您對本書的支持與愛護，只要填妥本回函，並寄回本社，即可成為三友圖書會員，將定期提供新書資訊及各種優惠給您。

姓名 _____　　出生年月日 _____
電話 _____　　E-mail _____
通訊地址 _____
臉書帳號 _____
部落格名稱 _____

1 年齡
□ 18 歲以下　□ 19 歲～25 歲　□ 26 歲～35 歲　□ 36 歲～45 歲
□ 46 歲～55 歲　□ 56 歲～65 歲　□ 66 歲～75 歲　□ 76 歲～85 歲　□ 86 歲以上

2 職業
□軍公教　□工　□商　□自由業　□服務業　□農林漁牧業　□家管　□學生
□其他 _____

3 您從何處購得本書？
□博客來　□金石堂網書　□讀冊　□誠品網書　□其他 _____
□實體書店 _____

4 您從何處得知本書？
□博客來　□金石堂網書　□讀冊　□誠品網書　□其他 _____
□實體書店 _____　□FB（四塊玉文創／橘子文化／食為天文創 三友圖書——微胖男女編輯社）　□好好刊（雙月刊）　□朋友推薦　□廣播媒體

5 您購買本書的因素有哪些？（可複選）
□作者　□內容　□圖片　□版面編排　□其他 _____

6 您覺得本書的封面設計如何？
□非常滿意　□滿意　□普通　□很差　□其他 _____

7 非常感謝您購買此書，您還對哪些主題有興趣？（可複選）
□中西食譜　□點心烘焙　□飲品類　□旅遊　□養生保健　□瘦身美妝　□手作
□寵物　□商業理財　□心靈療癒　□小說　□繪本　□其他 _____

8 您每個月的購書預算為多少金額？
□ 1,000 元以下　□ 1,001～2,000 元　□ 2,001～3,000 元　□ 3,001～4,000 元
□ 4,001～5,000 元　□ 5,001 元以上

9 若出版的書籍搭配贈品活動，您比較喜歡哪一類型的贈品？（可選 2 種）
□食品調味類　□鍋具類　□家電用品類　□書籍類　□生活用品類
□ DIY 手作類　□交通票券類　□展演活動票券類　□其他 _____

10 您認為本書尚需改進之處？以及對我們的意見？
_____

感謝您的填寫，
您寶貴的建議是我們進步的動力！